COOLES WISSEN
MÜNCHEN

Impressum

© Süddeutsche Zeitung GmbH, München
für die Süddeutsche Zeitung Edition 2019

Projektleitung: Sabine Sternagel
Lektorat: Daniela Wilhelm-Bernstein
Gesamtgestaltung: Sibylle Schug und Barbara Mally
Herstellung: Nadine Modl, Hermann Weixler
Druck und Bindearbeiten: optimal media GmbH, Röbel/Müritz
Printed in Germany

ISBN: 978-3-86497-507-3

Claudia Wagner

COOLES
WISSEN
MÜNCHEN

Süddeutsche Zeitung Edition

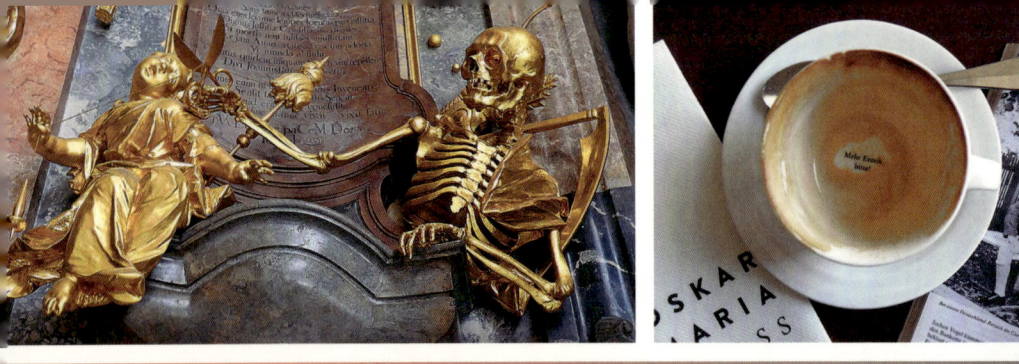

Inhalt

Wenn ich an München denke ...

... denke ich an FCB und BMW, Ludwig, Max, im Winter Schnee, Monaco, Moosi, Trachtengwand, in der Kunst so allerhand, Sonnenblumen, Wimmelbild, Blaue Pferde, Rautenschild, Bruno und Bavaria, der Pumuckl war auch mal da. Waldi, Wiesn, Eisbach-Welle, Luxus, Lola, auf die Schnelle Leberkäs und Knödel-Soß, Bier natürlich und viel Schloss! – ach ja, ein Engel namens Aloisius: Halleluja und Zefix! Für wenig Geld gibt's hier fast nix. Vielleicht Jodeln, Beten, in der Ferne Alpen, Föhn und doch recht gerne: Meister, Papst und Kaiser sein ...

... fein, das ist also München – zumindest auf den ersten Blick. Willst du mehr über all diese Dinge wissen, die tatsächlich irgendwie zur bayerischen Hauptstadt gehören? Dann blättere durch dieses Buch und entdecke zusätzlich Unbekanntes und Spannendes: neue Einblicke, andere Perspektiven, mehr Hintergründe über eine der schönsten Städte, ihre berühmtesten Künstler, Könige und Originale, ihre Traditionen und Geheimnisse. Vorwissen öffnet die Augen! Und das ist hier das Ziel. Mit diesem coolen Wissen bist du als neugieriges Münchner Kindl und als interessierter Gast bestens vorbereitet auf das Leben in oder den Besuch der bayerischen Hauptstadt. Es ist die perfekte Grundlage, damit aus Kindern Kenner werden.

01 Die Farben deines Himmels ...

... Weiß und Blau. Die gilt es zu erhalten, so heißt es im Refrain der Bayernhymne, die in München jede Nacht zu hören ist: Gegen Mitternacht wird sie im Bayerischen Rundfunk und im Bayerischen Fernsehen angestimmt – dort von bewegenden Bildern, nicht selten auch aus der Landeshauptstadt, begleitet. Hin und wieder weht fröhlich die bayerische Flagge, auf der das Weiß und Blau in symmetrischen Rauten angeordnet ist. Im Hintergrund ist vielleicht der klare Föhnhimmel über den Alpen zu sehen, ein typisch bayerisches Wetterphänomen, das die warme Luft aus dem Süden bringt und uns mehr Sonnentage beschert, wobei hinter den Bergen bereits eine Wolkenwand aufsteigt: Weiß und Blau ...

Hier wehen die Farben der bayerischen Tugenden: Weiß für Anstand und Blau für Treue.

Auf in den Kampf!

Vom 14. Jahrhundert an kämpften Ritter gut geschützt in neu entwickelten Rüstungen – mit Lanze und Schild, bedeckt von Kopf bis Fuß. Doch wie sollte man so im Eifer des Gefechts Freund und Feind unterscheiden? Lösung: Das zur Abwehr erhobene Schild wurde zum Erkennungszeichen der Streiter und das mittelalterliche Wort für Waffen (*wâpen*) gab dem Wappen seinen Namen. In Bayern verwendete man dafür die weiß-blauen Rauten, in der Wappenkunde auch Wecken genannt. Sie wurden aus dem Wappen des Grafen von Bogen übernommen, nachdem seine Witwe Ludmilla mit dem bayerischen Herzog Ludwig I. vermählt

Ich kämpfe unter dem Schutz der Herzöge von Bayern!

worden war. Wenn also täglich mehrfach im Glockenspiel des Münchner Rathauses ein herzogliches Reiterturnier nachempfunden wird, dann kann man bereits mit großer Sicherheit erahnen, wer siegt: Weiß-Rot oder Weiß-Blau?

Maibaumblau – Maibaumklau

Weiß und Blau ist auch der bemalte Stamm des bayerischen Maibaums, dessen Spirale sich von unten links nach oben rechts windet. So entsteht, von vorne betrachtet, das bayerische Rautenmuster. Seine Wurzeln, so wurde zeitweise vermutet, habe das Aufrichten des steil aufragenden Stamms in heidnischen Fruchtbarkeitsbräuchen. Entsprechend wurde der Maibaumbrauch im christlichen Bayern sogar mal per Polizeiordnung als „unflätig, unchristlich Ding" verboten. Heute gilt er, mit Wappen und Handwerkszeichen geschmückt, als selbstbewusstes Symbol der jeweiligen Gemeinde und vor allem

In einer Aprilnacht 2017 wurde ich das letzte Mal von 80 Burschen geklaut.

in den Nächten vor dem Aufstellen am 1. Mai muss man gut auf ihn aufpassen: Hier wird er gerne von tapferen Burschen der Nachbargemeinden geklaut.

Auch in Griechenland muss Bier nach dem bayerischen Reinheitsgebot gebraut werden!

„Welch Torbau von erhabener Zwecklosigkeit!"

Bayerisch-griechische Freundschaft

Blau wie das Meer und der Himmel, Weiß wie die Reinheit des Kampfes und die Unabhängigkeit. So lautet die offizielle Erklärung für die Farben der griechischen Flagge. Im 19. Jahrhundert hieß es einfach „Weiß und Blau wie die Farben Bayerns", denn nach dem Unabhängigkeitskrieg gegen die türkischen Osmanen wurde der neu gegründete Staat Griechenland lange Jahre von dem anfangs 15-jährigen bayerischen Prinzen Otto, Sohn König Ludwigs I., regiert. Das heutige Meeresblau der griechischen Staatsflagge wurde damals durch das bayerische Himmelblau ersetzt. In München ließ Ludwig I. als Zeichen der Verbindung zu Griechenland schließlich die Propyläen am Königsplatz errichten. Im Giebelfeld ist die Huldigung König Ottos dargestellt.

Blau machen

Das konnten die Bayern besonders gut! Um aus der Pflanze Färberwaid blaue Farbe zu gewinnen, brauchte man ein Lösungsmittel. Da der Farbstoff (später Indigo genannt) nicht wasserlöslich ist, wurde dafür Urin verwendet, und um große Mengen Urinbrühe zu erhalten, tranken die Färber auch große Mengen Bier. Gut, dass die Stoffe nun erst einmal einen Tag in den Bottichen liegen mussten, bevor sie zum Trocknen aufgehängt wurden – Zeit, „blau" zu machen.

Liebe kennt keine Liga!

„Einmal Löwe, immer Löwe"

Ja, es gibt nicht nur Rot-Weiß! Der zweite Münchner Fußball-Verein neben dem FC Bayern, der TSV 1860 München, heißt meistens nur die „Münchner Löwen" oder „die Sechzger". Trainiert wird auf dem Trainingsgelände im Stadtteil Giesing und die Fußballer, ebenso wie die Fans, tragen die bayerischen Landesfarben Weiß und Blau. Einst Münchens stärkster Verein, der 1963/1964 den DFB-Pokal und 1966 die deutsche Fußballmeisterschaft gewann, kämpft Weiß-Blau jetzt in der Regionalliga um den Aufstieg.

02 Ein Mönch mit blond gelocktem Haar

Apud munichen (lateinisch: bei den Mönchen) auf dem Petersbergl, südlich des heutigen Marienplatzes, liegt der Ursprung der Stadt München. Die dort ansässigen Klosterbrüder gaben der Siedlung ihren Namen und prägen bis heute ihr Wappen. Erstaunlicherweise wird der Mönch, das sogenannte Münchner Kindl, heutzutage meist von Mädchen verkörpert. Ein geschickter Werbeschachzug: Hübsche Frauen mit wallendem Haar sind eben attraktiver als alte Mönche mit Tonsur unter der gelb-schwarzen Kutte.

Frauenpower!

Im 14. Jahrhundert wurde Herzog Ludwig IV. römisch-deutscher Kaiser. Als Ludwig der Bayer residierte er in München und machte die kaiserlichen Farben Schwarz und Gold zu den Stadtfarben und damit zu den Modefarben der Münchner-Kindl-Kutte.

1937 wurde erstmals eine junge Dame erwählt, die seither beim traditionellen Einzug der Festwirte zum Oktoberfest in der Kutte des Mönchs hoch zu Ross voranreitet. Bis heute sind diese Botschafterinnen der Stadt in der Regel zwischen 20 und 29 Jahre jung, blond und stammen aus den Familien der Münchner Wirte- und Brauereidynastien. Das zweite offizielle Münchner Kindl war übrigens die damals 18-jährige Ellis Kaut, die noch zu weiterer Berühmtheit gelangen sollte: als Erfinderin des Kobolds Pumuckl.

Hurra, Hurra,
s' Münchner Kindl ist da!

Mönche, überall!

Auch sonst ist der Münchner Mönch all-gegenwärtig: auf Trambahnwagen, an Hausfassaden und selbst der 85 Meter hohe Turm des Rathauses wird vom Münchner Kindl gekrönt, das der Künstler Anton Schmid nach dem Modell seines Sohnes Wiggerl (Ludwig Schmid-Wildy, später ein berühmter Volksschauspieler) geschaffen hat. Sogar auf den Kanal-deckeln der Stadtentwässerung findest du den Mönch. In der Linken hält er ein Buch, die Rechte ist zum Schwur erhoben.

Guten Abend, gute Nacht ...

Jeden Abend um 21 Uhr ist Schlafens-zeit für das Münchner Kindl. Es wird am Marienplatz zu Bett gebracht, was, da es wohlerzogen ist, nur zwei Minuten dauert: Scheinwerfer erleuchten zwei seitliche Erker neben dem Rathaus-Glockenspiel. Auf der linken Seite tritt der Nachtwächter hervor und dreht mit seinem Hund eine Runde. Anschließend erscheint zum Wie-genlied von Johannes Brahms im rechten Erkerturm das Münchner Kindl, gefolgt von seinem Schutzengel. Ist das Gute-nachtlied verklungen und das Kind zurück im Turm, erlischt das Licht. Doch keine Angst: München schläft noch nicht.

03 Kurfürst, König, Kaiser …

Ein Königreich für meine Tochter.

Was kostet ein Königreich?

Der erste bayerische König, Max I. Joseph, ist nur durch ein „Sauglück", wie er selbst sagte, Herrscher über Bayern geworden. Sein Vorgänger, Kurfürst Karl Theodor, blieb kinderlos. Daher musste die Verwandtschaft aus der Pfalz einen Nachfolger stellen. Da sein älterer Bruder bereits verstorben war, gelangte Max auf den bayerischen Thron. Zunächst war er ebenfalls nur Kurfürst, doch als Dank für seine Treue zu Frankreich schickte ihm der französische Kaiser Napoleon die Königskrone und machte Bayern 1806 zum Königreich! Doch wie immer im Leben gab es auch in diesem Fall nichts umsonst: Max musste Frankreich 30 000 Soldaten für den Krieg gegen Russland zur Verfügung stellen und seine Tochter Auguste Amalie dem Stiefsohn Napoleons zur Frau geben – wie im Märchen!

Über 700 Jahre saß in Bayern eine Familie auf dem Thron: Die Wittelsbacher. Von 1180 an regierten sie das Land und prägten Kultur, Architektur und Traditionen, auch der Hauptstadt München. Bis 1918 stellten sie Herzöge, Kurfürsten, Könige und Kaiser. Mit dem Ende des Ersten Weltkriegs löste die Demokratie die Monarchie ab, der Landeschef wird also gewählt und nicht einfach geboren.

Servus, Franz?

1918 floh der letzte bayerische König Ludwig III. vor der Revolution aus der Stadt Richtung Österreich. Seine Nachfahren, ebenfalls Wittelsbacher, leben allerdings heute teilweise wieder in und um München. So wohnt das aktuelle Oberhaupt der Familie, Herzog Franz von Bayern, in Schloss Nymphenburg. Wer ihn trifft, spreche ihn bitte korrekt an. Auch heute noch heißt es offiziell: „Guten Tag, Seine Königliche Hoheit!"

„Ich will lieber ein kalter Krieger als ein warmer Bruder sein."

Man nannte ihn FJS

In München blicken noch einige melancholisch auf die Zeit zurück, als in Bayern ein König regierte. Mancher Politiker oder Sportler wurde und wird daher königlich verehrt – wie der ehemalige Ministerpräsident Franz Josef Strauß. Auch wenn der Bundesminister für besondere Aufgaben viele Gegner hatte, säumten bei seiner Beerdigung im Jahr 1988 Zehntausende von Trauernden die Straßen, als sechs Pferde seinen Sarg durch den Mittelbogen des Münchner Siegestores zogen. Ein Teil der zentralen Münchner Ringstraße und später sogar der Münchner Flughafen wurden nach Franz Joseph Strauß benannt. Seine Partei, die CSU, tritt übrigens ausschließlich in Bayern zu Wahlen an und stellt seit den 1960er-Jahren die größte Fraktion im Bayerischen Landtag – sie herrscht also bis heute über das Land.

Kaiser des Heiligen Römischen Reiches

Zweimal haben die Bayern einen deutschen Kaiser gestellt. Der erste war Ludwig der Bayer, der 1322 in einer letzten großen Ritterschlacht seinen Gegner und Rivalen, den Habsburger Friedrich den Schönen, besiegte. Sein Triumphzug wird auf einem Fresko am Isartor dargestellt. Beim Papst fiel Ludwig allerdings in Ungnade. Er wurde mit dem Kirchenbann belegt und die Kaiserkrönung im Jahr 1328 musste ohne den sonst üblichen päpstlichen Segen stattfinden. Dennoch: In der Münchner Frauenkirche erinnert ein aufwendiges Grabmal an den einstigen bayerischen Kaiser – Papstsegen hin oder her!

Der Kaiser am Ball

Einen richtigen Kaiser gibt es in ganz Deutschland seit 1918 nicht mehr. Dafür aber seit mehr als 40 Jahren den „Kaiser Franz": So wird Franz Beckenbauer, der wohl bekannteste und erfolgreichste deutsche Fußballer genannt, der für den deutschen Rekordmeister Bayern München spielte, Trainer wurde und schließlich im Komitee der FIFA (Weltfußballverband) war. Unter ihm als Mannschaftskapitän und später als Teamchef gewann Deutschland die Weltmeisterschaften in den Jahren 1974 und 1990. Man sagt, er habe den Ball gestreichelt und sich aristokratisch, also fast fürstlich auf dem Rasen bewegt.

Ich weiß den Ball majestätisch zu spielen.

Könige der Kunst

Auch der ein oder andere Künstler tritt gerne fürstlich auf – in München war dies vor allem um 1900 der Fall, als sogenannte Malerfürsten, erfolgreiche Künstler, Anerkennung und reiche Käufer in der damaligen Schickeria fanden. Einer von ihnen, Franz Stuck, war der Sohn eines einfachen Dorfmüllers. Dennoch wurde er aufgrund seines Talents Professor an der Münchner Akademie und wegen seiner künstlerischen Verdienste sogar geadelt. Bald ließ sich Herr von Stuck eine herrschaftliche Villa im Nobelviertel Bogenhausen bauen. In dieser Villa Stuck, die heute ein Museum ist, fällt im Atelier des Malers vor allem sein persönlicher Altar auf, dessen zentrales Andachtsbild eine nackte, von einer Schlange umhüllte Frau zeigt: Sünde!

Mein Name ist Stuck – von Stuck.

04 Schlösser und Paläste

Ein Liebesbrief an den Raugrafen Heinrich? 1256 las Herzog Ludwig ein Schreiben seiner Frau Maria von Brabant, schloss aus den Zeilen auf ein außereheliches Liebesverhältnis und ließ Maria daraufhin enthaupten. Fortan trug er den Beinamen „der Strenge". Er residierte in der Ludwigsburg in München, der ersten festen Residenz der Wittelsbacher in der Stadt. Leider stellte sich bald heraus, dass die Ehefrau zu Unrecht verdächtigt worden war. Über Nacht ergraut, errichtete Ludwig zur Sühne ein Kloster in Fürstenfeld. Auch München wuchs rund um die erste Burg zu einer Stadt heran und die nachfolgenden Wittelsbacher bauten in Stadtrandlage eine mächtige Neuveste, die große Münchner Residenz. Die Ludwigsburg wurde zum Alten Hof, während am neuen Schloss über Jahrhunderte gebaut wurde …

Tut mir leid, Maria! Das mit der Hinrichtung war wohl ein Irrtum.

Alter Hof

Neue Veste

Wandele unter dem Blick antiker Kaiser und weiblicher Tugenden.

Im Winter in der Residenz

Die Verbindung von Tradition und Fortschritt gilt manchen in Bayern als besonders gelungen: Umgesetzt haben dieses Konzept bereits die Wittelsbacher beim Bau ihres Stadtschlosses. Jede Generation errichtete hier ihren eigenen Trakt oder gestaltete neue Raumfluchten, ließ aber in guter Tradition das Werk des Vorgängers meist bestehen. Die Bauarbeiten begannen im 14. Jahrhundert mit einer von Wasser umgebenen Burg. In der Folgezeit wurde für die herzogliche Antikensammlung das Antiquarium errichtet, das später mit seinen knapp 70 Metern Länge zum größten Renaissancefestsaal nördlich der Alpen umgebaut wurde. Die barocken Fürsten statteten die „Reichen Zimmer" mit goldenem Stuck aus, führten Spiegel-kabinett und Paradebett ein, und König Ludwig I. ließ in seinen klassizistischen Räumen pompejanische Wandmalereien und byzantinische Mosaike kopieren. Ein Gang durch diese Schlossanlage, eine der größten in Europa, führt durch rund 120 begehbare Zimmer auf einer Fläche von etwa 20 000 Quadratmetern. Es ist ein Gang durch alle Generationen des Herrscherhauses und alle Epochen der Kunstgeschichte.

Ich habe mich in
Schalen geworfen.

Hier ruht der Geist
der Wittelsbacher!

Nachts im Schloss

Wenn der Fürst aufsteht, geht die Sonne auf, wenn er zu Bett geht, geht sie unter. So vermittelte es das Hofzeremoniell während des sogenannten *lever* und *coucher*. Das ist französisch und beschreibt den Morgen- und Abendempfang rund um das Prunkbett, vor allem am Hof des französischen „Sonnenkönigs" Ludwig XIV. Natürlich wollte man ein entsprechendes Paradeschlafzimmer auch in München – und bekam es, wenn auch „nur zur Pracht, nicht zu den Bequemlichkeiten der Ruhe". Das Bett wurde damals im 18. Jahrhundert nie benutzt. Nur in der Neuzeit durften hohe Staatsgäste in ihm übernachten. Während Königin Elisabeth II. und ihr Mann Prinz Philip hier allerdings nur ruhten, übernachtete der Schah von Persien unter dem Baldachin. Königin Silvia von Schweden zog hingegen nach einer Nacht ins Hotel um – vielleicht spukt's ja im Schloss?

Fürstliche Muschelsammlung

Wie in Italien wollte Herzog Wilhelm V. in München leben und ließ sich ab 1581 einen Gartenhof mit Muschelgrotte, wie es in Italien damals Mode war, in der Residenz errichten. Perlmutt und bunte Halbedelsteine wurden zu Figuren, Brunnen und Mustern zusammengesetzt und schimmerten prächtig – bis die Bomben des Zweiten Weltkriegs die Pracht der Residenz nahezu komplett vernichteten. Von den ursprünglich rund 25 000 Quadratmetern Dachfläche blieben nur rund 50 Quadratmeter erhalten. Dennoch entschied man sich nach 1945 für den Wiederaufbau und innerhalb von 60 Jahren wurde das Schloss quasi ein zweites Mal errichtet, teils auf ungewöhnliche, liebevolle Art und Weise. So wurden die Münchner in den Nachkriegsjahren aufgefordert, von ihren ersten Italienreisen Muscheln mitzubringen, um den Grottenhof aus Tausenden Schalen wiederherstellen zu können. Doch beim Anblick der fleißig gespendeten Mittelmeermuscheln wurde den Restauratoren klar: Im Original waren kaum exotische Meeresfrüchte verwendet worden, sondern Muscheln vom Ammer- und Starnberger See. Ein Leichtes, diese wieder zu beschaffen!

Ich, Hermes, überbringe die Gunst des Himmels!

Bekomme ich ein Schloss, wenn ich dir einen Sohn schenke?

Im Sommer in der Nymphenburg

Im Alter von 14 Jahren wurden der spätere Kurfürst Ferdinand Maria und die für ihn ausgewählte Italienerin Henriette Adelaide verheiratet, ohne sich zu kennen! Als die hübsche Braut endlich nach München kam, blieb nur eins: Warten auf den Thronfolger. Gebete fruchteten auch nach Jahren nicht und so versprach Henriette dem heiligen Kajetan die schönste Kirche Bayerns, sollte er einen Sohn vom Himmel schicken. Die Münchner Theatinerkirche St. Kajetan ist der Beweis, dass Gelübde im katholischen Bayern erhört werden. Der weltliche Vater des Kindes belohnte die glückliche Mutter 1662 mit einem Baugrundstück von über 200 Hektar Land und den finanziellen Mitteln für den Bau einer ersten noch bescheidenen Sommerresidenz, italienisch: *Borgo delle Nymphe*, die Nymphenburg.

Der ersehnte Thronfolger Max II. Emanuel war wesentlich ehrgeiziger: Er entwickelte sich zum prunksüchtigen, machtbesessenen Barockfürsten und schickte sein Volk in jahrzehntelange Kriege. Vor den Toren Wiens schlug er zwar die Türken zurück, doch seine großen Ziele, die Kaiserwürde oder den spanischen Thron für seinen Sohn, erreichte er nicht. Um dennoch seinen Machtanspruch zu zeigen, hinterließ er vor den Toren Münchens Schloss Schleißheim und die im niederländischen Stil mit Kanalanlagen und Parkburgen weitläufig ausgebaute Sommerresidenz Nymphenburg.

Geburtszimmer Ludwigs II.

Im Schloss Nymphenburg erblickte der Märchenkö-
nig Ludwig II. am 25. August 1845 das Licht der Welt –
Marie von Preußen, seine Mutter, lag hier unter den
Blicken zahlreicher Zeugen in den Wehen. Sie sollten
aus rücksichtsvoller Distanz die Geburt über den noch
heute im Schlafzimmer erhaltenen Spiegel verfolgen,
Schummeleien verhindern und bestätigen: Es ist ein
Bub, ein Thronfolger!

Spieglein, Spieglein an der
Wand, wird's der König vom
Bayernland?

Fasanenjagd vom goldenen Balkon

Der ursprünglich als Hofzwerg ange-stellte, aber schnell zum angesehenen Rokoko-Architekten aufgestiegene Fran-çois Cuvilliés war, so heißt es, schwer verliebt, als er die Amalienburg als Park-schlösschen für die Frau des Kurfürsten in Nymphenburg plante – anders wäre eine solch perfekte Schöpfung wohl nicht entstanden. Die Kaisertochter und passionierte Jägerin Amalie verfügte dort über eine beheizbare Hundekammer mit erlesener Verzierung, einen mit Vergäng-lichkeitssymbolen geschmückten „Leib-stuhl" mit eingelassenem Nachttopf und eine Küche mit wertvollen holländischen Fliesen. Der Spiegelsaal, dekoriert in zar-tem Blau, gebrochenem Weiß und Silber, scheint den Besucher in das Innere eines Eiskristalls zu versetzen. Vom goldenen Balkon auf dem Dach erlegte die Kur-fürstin die auf das Lustschloss zugetrie-benen Fasane – bis zu 200 pro Saison.

Wellness für höchste Ansprüche

Die Vergnügungssucht des Adels kannte in den Zeiten des Barock keine Grenzen. So entstand in dem barocken Lustschlöss-chen im Nymphenburger Park, der Ba-denburg, neben Festsaal und prächtigem Schlafgemach auch eine Art Wellnessoa-se. Als eines der ersten beheizbaren Hal-lenbäder seit der Antike verfügte sie über einen Ruheraum mit Steinöfen und ein mit Delfter Kacheln, Stuckmarmor und Deckengemälden ausgestattetes Becken,

„Zu münchen hab ich gesehen das ninfenburg ... das amalienburg ist dass schönste", schreibt Maria Anna Mozart in ihren Reisenotizen.

Statt mit Waffen kämpft man hier heute mit Worten.

in dem man bequem schwimmen konnte. Wie die höfische Badekultur damals aussah? Ob nackt oder im Anzug gebadet wurde? Das ist nicht überliefert, aber es ist die Rede von blinden Musikern, die das Vergnügen von der goldenen Empore aus begleiteten!

Palast der Partei

Auch die heutigen demokratischen Regenten suchten in München die Nähe zum Stadtschloss und verwirklichten direkt am Hofgarten ihre eigene „Residenz". 1993 wurden die Bauarbeiten an der neuen Staatskanzlei am Franz-Josef-Strauß-Ring, in dem die Büros des Ministerpräsidenten und seiner Behörde auf 8800 Quadratmetern untergebracht sind, abgeschlossen. In der Mitte hat sich die Kuppel und die darunter gelegene „Ruhmeshalle" des ehemaligen Militärmuseums erhalten. Innen steigt man auf

sogenannten modernen Himmelsleitern zu den Büroräumen der CSU empor und selbst ein gemütlich-bayerisches Stüberl aus teurem Zirbelholz hat sich der damalige Landesvater einrichten lassen – im Kontrast zu der Glas-Stahl-Architektur und dem marmornen Fußboden im bayerischen Rautenmuster.

Ich spiele mit der Kaiserwürde.

In einem Boot: Die beiden berühmtesten Mitglieder des Adelsgeschlechts der Wittelsbacher, der „Märchenkönig" Ludwig II. und seine Großcousine Sisi, verband die politische Verantwortung, die sie schon als Jugendliche übernehmen mussten. Er wurde mit 18 Jahren König von Bayern, sie bereits mit 16 Kaiserin von Österreich. Folge war bald darauf oder eben deshalb eine mit zunehmendem Alter sich steigernde Weltflucht: Er baute sich Märchenschlösser als Kulissen seiner Traumwelten, sie flüchtete sich in den Schönheitswahn. Ihr jeweils ungewöhnlicher Tod füllte die Schlagzeilen.

König wie im Märchen

Er wird einfach nur „der Kini" genannt, als hätte es nur den einen gegeben. Ludwig II. hat München gehasst und wollte das „verfluchte Nest" am liebsten an allen Ecken anzünden. Seine Schlösser baute er lieber im Alpenvorland als in der Stadt und machte Bayern dadurch weltberühmt. Sein Märchenschloss Neuschwanstein sollte ursprünglich nur eine bescheidene Ritterburg werden. Doch statt der geplanten drei baute Ludwig 17 Jahre daran und trotzdem blieb es unvollendet. Als Ludwig für seine ausufernden Pläne das Geld aus-ging, wollte er Kredite im Ausland aufnehmen und allen Ernstes Geld durch Banküberfälle beschaffen lassen, doch da kam man ihm zuvor: 1886 wurde er für wahnsinnig und regierungsunfähig erklärt und bald danach tot im Starnberger See gefunden. Jahre später nahm Walt Disney Neuschwanstein als Vorbild für sein Zeichentrick-Dornröschenschloss und es wurde zu einer der wichtigsten deutschen Sehenswürdigkeiten.

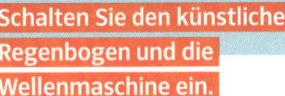
Schalten Sie den künstlichen Regenbogen und die Wellenmaschine ein.

„Ein ewig Rätsel will ich bleiben mir und anderen!"

Palmenparadies über der Stadt

Auch in oder besser auf der Münchner Residenz schuf sich Ludwig II. seine eigene Welt. Er ließ einen 1300 Quadratmeter großen Wintergarten, ein Meisterwerk moderner Stahl-Glas-Konstruktion, über dem Festsaaltrakt errichten. Verschlungene Wege führten durch einen Dschungel exotischer Pflanzen, vorbei an einem Damastzelt und einem Maurischen Kiosk, Papageien sagten „Guten Tag". Wenn der König in einem Kahn vor der gemalten Kulisse des Himalaya über einen künstlichen See schipperte, dessen Wasser manchmal über die Ufer trat und durch die Decke sickerte, spannten die Diener im daruntergelegenen Geschoß schon mal die Schirme auf. Aus statischen Gründen musste der Wintergarten leider schon kurz nach Ludwigs Tod abgebaut werden.

LANDESZENTRALBANK
IM FREISTAAT BAYERN
Erbaut 1948 - 1951 von Carl Sattler
anstelle des ehemaligen
HERZOG-MAX-PALAIS
Erbaut 1828 - 1830 von Leo von Klenze

HIER WURDE
SISI
ELISABETH
KAISERIN VON ÖSTERREICH
UND KÖNIGIN VON UNGARN
IM JAHRE 1837 GEBOREN

Sisi! ... Franz! ...

Die Großcousine Ludwigs, Sisi, wurde Weihnachten 1837 in dem schicken Herzog-Max-Palais in der Münchner Ludwigstraße geboren. Sisi kam dort bereits mit einem Zahn zur Welt. Dieser „Hexenzahn" war, wie auch bei Napoleon und Ludwig XIV., ein seltenes Naturphänomen – und als solches muss man sich die spätere Kaiserin Elisabeth insgesamt vorstellen. Mit 15 Jahren verlobte sie sich mit Kaiser Franz Josef von Österreich und ihre bis dahin unbeschwerte Jugend in München und am Starnberger See war damit zu Ende. Professoren der Universität, Anstandsdamen und Schneider wurden ins Palais geladen, um die junge Sisi in wenigen Wochen auf die Abläufe des steifen Hofzeremoniells und ihre Pflichten als Kaiserin eines ausufernden Reiches vorzubereiten. Außerdem musste die Mitgift mit Schmuck und neuer Garderobe zusammengestellt werden. Sisis Aussteuer passte in bescheidene 25 Koffer. Mindestens einen davon dürften wohl allein die sechs Paar Lederstiefel und 113 Schühchen aus Samt oder Seide gefüllt haben.

Am 20. April 1854 verließ die junge Braut nervös und niedergeschlagen München in einer prächtigen Staatskarosse, gezogen von sechs Pferden aus den königlichen Stallungen. Die Menschen drängten sich bis zum Siegestor. Das Herzog-Max-Palais, eine der luxuriösesten Residenzen ihrer Zeit, wurde leider in den 1930er-Jahren durch einen Neubau ersetzt und beherbergt heute die Hauptverwaltung München der Deutschen Bundesbank.

„Wenn wir nit Prinzen wor'n, wär'n mer Kunstreiter wor'n".

Ich bin 1,72 m groß, wiege nur 50 kg und habe eine Taille von 50 cm.

So ein Zirkus

Herzog Max, Sisis Vater, war ein sehr ungewöhnlicher und unterhaltsamer Fürst. Hinter seinem Münchner Palais ließ er eine Zirkusarena bauen, in der er persönlich seinen Gästen Kunststücke auf dem Pferderücken vorführte. Dieses Talent gab er auch an seine Tochter weiter, deren Reitlehrer später gestand: „Sie sieht aus wie ein Engel, aber sie reitet wie der Teufel." Unter anderem trainiert von Kunstreiterinnen des Zirkus Renz kam sie bei Parforce-Jagden über Hecken und Gräben meist als Erste ins Ziel – elegant, im Damensattel und perfekt sitzenden Reitkostüm, in das sie sich manchmal sogar einnähen ließ.

06 Tatort München

XY: Todesursache ungeklärt

Es ist der berühmteste ungeklärte Todesfall der Geschichte. Am 13. Juni 1886 wurden zwei Leichen im nahe München gelegenen Starnberger See gefunden: diejenige von König Ludwig II. und diejenige seines Arztes, des Psychiaters Prof. Gudden. Nachdem Ludwig für „nicht regierungsfähig" erklärt und nach Schloss Berg am Starnberger See gebracht worden war, kamen König und Arzt von einem gemeinsamen Spaziergang nicht mehr lebend zurück. Ertrunken, erschossen, Mord, Selbstmord? Was in den letzten Stunden Ludwigs geschah, ist bis heute eines der größten Geheimnisse der bayerischen Geschichte.

Der Leichnam Ludwigs wurde in der Hofkirche aufgebahrt und anschließend in der Gruft der Kirche St. Michael beigesetzt. Dort kannst du dem König die letzte Ehre erweisen.

Google die Gugl

Die Guglmänner sind ein Geheimbund, der sich die Aufklärung des Todes Ludwigs II. zum Ziel gesetzt hat. Seine Anhänger sind überzeugt, dass es sich um ein Verbrechen handelte und der König mit der auf dem Foto präsentierten Waffe erschossen wurde. Ihrer Ansicht nach liegt sein Leichnam auch nicht mehr im Sarg in St. Michael. Wer unter den Gugln, den schwarzen Kapuzen, steckt, ist nicht bekannt.

Ihre Aktionen zur Aufdeckung des „mörderischen Geheimnisses" sind im Internet dokumentiert.

Ich bin 1,92 m groß, wiege 120 kg und dachte, Fett schwimmt?

Laut Kriminalitätsstatistik ist München die sicherste Millionenstadt Deutschlands. Dennoch gibt und gab es auch hier genug Gründe zu sterben: selten als Folge eines Verbrechens, manchmal politisch veranlasst, gelegentlich für den Glauben, aber auch für die Kunst und natürlich für die Liebe!

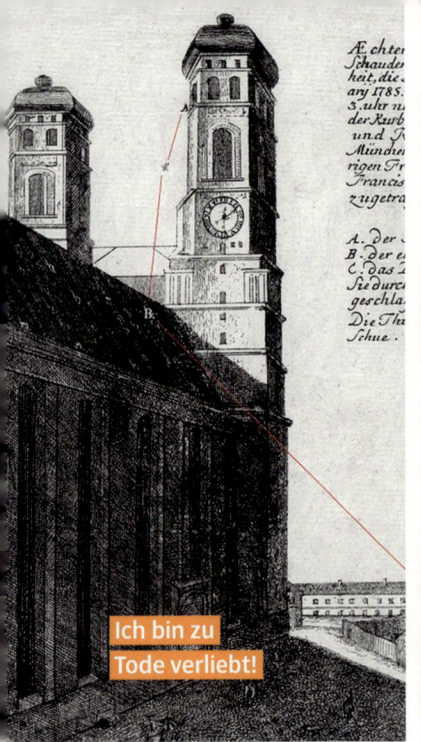

Ich bin zu
Tode verliebt!

Sing mir den
Liebestod, Isolde!

Der Werther-Effekt

1774 veröffentlichte Johann Wolfgang von Goethe *Die Leiden des jungen Werther*. Am Ende des Briefromans begeht der junge Rechtspraktikant Werther Selbstmord; Grund war seine unglückliche Liebe zu Lotte, die mit einem anderen Mann verlobt war. Im Anschluss an die Veröffentlichung dieses klassischen Bestsellers kam es deutschlandweit zu einer regelrechten Selbstmordwelle zahlreicher Nachahmer, häufig sogar in „Werther-Tracht" mit gelber Weste. In München stürzte sich Franziska Freiin von Ickstatt im Alter von 17 Jahren aus unerfüllter Liebe zu einem Leutnant von einem Turm der Frauenkirche in den Tod. Der Dichterfürst Goethe besuchte wenig später München, um sich

den Unglücksort anzusehen. Seit 1997 gibt es Richtlinien für die deutsche Presse, wenig über die Umstände von Selbstmorden zu berichten, um den Werther-Effekt der Nachahmung zu vermeiden.

Todgesungen

Im Juni 1865 wurde im Münchner Nationaltheater die Oper *Tristan und Isolde* von Richard Wagner uraufgeführt. Die Hauptrollen der unglücklichen Liebesgeschichte wurden durch ein Ehepaar, Ludwig und Malvine Schnorr von Carolsfeld, besetzt. Es hätte der Beginn einer großen Karriere sein können, doch sechs Wochen und drei Aufführungen später starb Ludwig Schnorr im Alter von 29 Jahren völlig unerwartet. Man sagte damals, es sei die

Folge der riesigen Anstrengung gewesen, die Wagner seinem Sänger abverlangt hatte. Auch Malvine beendete nach dem frühen Verlust ihres Mannes ihre Karriere und verstummte.

Es lebe die Revolution!

Wie in einem Fernsehkrimi sind in der Kardinal-Faulhaber-Straße die Umrisse eines Leichnams auf dem Boden markiert. Am 21. Februar 1919 wurde hier der erste bayerische Ministerpräsident Kurt Eisner mitten in der Innenstadt ermordet. Nur rund drei Monate zuvor hatte der Sozialist im Rahmen der Revolution am Ende des Ersten Weltkriegs eine bayerische Republik ausgerufen. Der König verlor daraufhin den Thron, Eisner dennoch die Wahlen und schließlich sein Leben. Der rechtsradikale Nationalist Anton Graf von Arco auf Valley erschoss ihn auf offener Straße und aus nächster Nähe: Eisner war Jude, Preuße und politisch linksgerichtet, das waren ihm genügend Gründe für seine Tat.

„The games must go on"

1972 fanden in München die Olympischen Spiele statt. Die ganze Stadt feierte im Zeichen der Ringe. Es sollte ein fröhliches, offenes, völkerverbindendes Fest in der luftigen und leichten Architektur des Olympiageländes werden. Doch am 5. September 1972 nahmen palästinensische Terroristen israelische Spieler als Geiseln. Am Ende einer misslungenen Befreiungsaktion starben bei einer Schießerei elf Spieler, fünf Geiselnehmer und ein Polizist. Es folgte ein Trauertag, doch: „Die Spiele müssen fortgesetzt werden", so formulierte es der damalige Präsident des Olympischen Komitees Avery Brundage.

Ein Erinnerungsort nahe dem Olympischen Dorf informiert seit 2017 eindrucksvoll über den damaligen Terroranschlag.

Und doch: „Bayern ist fortan ein Freistaat!"

Dr. Oetker: Weder Geld noch Pudding machen glücklich

Kannst du dir vorstellen, dass man auf Backpulver ein Wirtschaftsimperium aufbauen kann? Der Familie Oetker ist das tatsächlich gelungen, doch Reichtum aus Puddingpulver und Fertigpizza schafft auch Neider. 1976 wurde der Unternehmersohn Richard Oetker, der an der TU München studierte, entführt. Der Entführer forderte ein Lösegeld von 21 Millionen Mark und der Koffer mit den Scheinen wurde im Untergeschoss des Stachus übergeben. Richard Oetker kam schwer verletzt frei, doch der Kidnapper war zunächst durch unterirdische Gänge geflohen. Erst nach zwei Jahren schnappte man den Verbrecher, als er in London 12 Millionen Mark in Pfund wechseln wollte.

07 Musically

Im Olympiapark gibt es einen „Walk of Stars", in dessen Betonplatten sich
Berühmtheiten aus Musik- und Showgeschäft verewigen. Nena, Lenny
Kravitz, Udo Lindenberg ... sie alle haben in München schon einen Hand-
abdruck und Spuren hinterlassen. Da es diesen Hauch von Hollywood
allerdings erst seit 2003 gibt, fehlen dort natürlich wichtige Namen der
historischen Münchner Musikgeschichte: Mozart, Wagner, Strauss, Orff ...
Sie traten zwar nicht vor 60 000 Zuschauern im Olympiastadion auf, füllten aber die Ränge von Oper und Theatern, begeisterten und erzürnten
das Münchner Publikum und fordern das Gehör so manch anspruchsvol-
ler Konzertbesucher bis heute heraus. München macht eben Musik!

„Ich empfehle dir ...
für das ohnmusikalische
Publikum zu denken, –
du weißt es sind
100 ohnwissende gegen
10 wahre Kenner",
so Vater Mozart.

Rock me Amadeus

Er war ein Superstar, er war populär – und dennoch bekam Wolfgang Amadeus Mozart in München keine feste Anstellung. Kurfürst Max III. Joseph tat seine Bewerbung ab mit einem kurzen „Wir haben keine Vacatur" (keine freie Stelle), obwohl Amadeus bereits mit sechs Jahren als Wunderkind Konzerte im Münchner Schloss gegeben hatte. Später spielte er die Backgroundmusik bei Veranstaltungen des Hofes. Aber: „Hier wird nichts Gescheites gemacht, weil keine Aufmerksamkeit da ist", stellte er mit seinen damals 18 Jahren fest. Immerhin durfte Mozart bald als einer der ersten freischaffenden Künstler zwei Opern für das Münchner Hoftheater schreiben. *Idomeneo* wurde 1781 im damaligen Residenztheater uraufgeführt. Erbaut hatte dieses einzigartige Logentheater mit den goldenen Stuckaturen und roten Wandbespannungen François Cuvilliés. Das Cuvilliéstheater galt schon damals als „Juwel des Rokoko" und zieht bis heute Theaterbegeisterte an, während die Mozart-Fans aufgrund der Fehlentscheidung des Münchner Kurfürsten nach Salzburg, in dessen Geburtsort, pilgern.

„Ich versichere Euer Durchlaucht ... ich würde München gewiß Ehre machen".

I like Wagner

„Hier liegt Wagner, der nichts geworden, nicht einmal Ritter vom lumpigsten Orden." Der berühmte Komponist verfasste, pleite und völlig verzweifelt, schon seine Grabinschrift. Da stand plötzlich ein königlicher Bote mit einem wertvollen Rubinring vor ihm, um ihn nach München zu holen. Dies sei der größte und ausdrückliche Wunsch König Ludwigs II. Sobald dieser erfüllt war, ließ Ludwig die teuren, aufwendigen Opern Wagners wie den *Ring des Nibelungen* oder die Liebesgeschichte *Tristan und Isolde* im Nationaltheater inszenieren. Während der über 200 Privatvorstellungen waren als Publikum allerdings nur der König und der Komponist zugelassen. Kein Wunder, dass Volk und Hof dies als Verschwendung betrachteten und bald verlangten, Wagner aus der Stadt zu weisen. Nur 19 Monate durfte er bleiben, machte die Münchner Oper aber trotzdem zu einem der wichtigsten Wagner-Festspielhäuser der Welt.

Eigentlich wollte ich ein Wagner-Festspielhaus in München statt in Bayreuth. Wenigstens habe ich hier ein eigenes Denkmal bekommen.

Ludwigs Lieblingsoper handelte übrigens vom Schwanenritter Lohengrin. Er war so begeistert von Wagners Komposition, dass er sich selbst, als Schwanenritter verkleidet, in einem Muschelkahn durch die künstliche Grotte seines Schlosses Linderhof ziehen ließ.

Im Bayerischen Hof wohnte ich unter dem Decknamen „Mr. King".

O Fortuna!

Mit Pauken und Trommeln, Fingerzimbeln und Xylophon wollte der Münchner Carl Orff Kindern den kreativen Umgang mit Musik, Sprache und Bewegung vermitteln und sie zum Singen, Tanzen und Musizieren anleiten. Er ist quasi der Vater der musikalischen Früherziehung. Im Nach-Grundschulalter begegnet man seinen Bombast-Kompositionen wie dem Chorwerk *Carmina Burana* nicht zuletzt in den Heldenstreifen der Kinos. Es sind die Monumentalfilme, die nicht ohne die Hymne „O Fortuna" auskommen. Ob Artus sein Schwert in *Excalibur* zieht oder Henry Maske in den Boxring einlief, es schallte: O Fortuna, O Schicksal. Dieses endete für Orff im hohen Alter von 86 Jahren in München, verewigt wurde er in der Ruhmeshalle am Fuße der Bavaria.

King of Pop

Mehrfach gab der damals noch unangefochtene King of Pop, Michael Jackson, Konzerte in München und residierte dann im Hotel Bayerischer Hof. Als er 2009 an einer Überdosis Schlafmittel in Los Angeles starb, schmückten seine Münchner Fans vor dem Hotel, aus dem er ihnen einst zugewinkt hatte, den Sockel eines Denkmals mit Kerzen, Blumen und Plakaten. Der Verein zur Erhaltung und Pflege der Michael-Jackson-Erinnerungsstätte übernimmt auch zehn Jahre später die Blumenpflege und entzündet die Kerzen. Und was sagt Orlando di Lasso, Hofmusiker des 16. Jahrhunderts, oben auf dem Podest dazu? Vermutlich steht er drüber.

Musiktradition und Blaskapelle

Gegenüber traditioneller bayerischer Musik herrscht so manches Vorurteil: Angeblich gibt es kein Bierzelt ohne Blasmusikkapelle! Natürlich hört man sie als Teil bayerischer Musiktradition auf dem Oktoberfest, bei Umzügen, gelegentlich als Trauermarsch bei Beerdigungen, bei Christkindlmärkten und täglich im Hofbräuhaus – sonst allerdings kaum. Hätten nicht in letzter Zeit junge Bands begonnen, traditionelle Blasmusik mit Rap, Rock oder Reggae zu mischen, um dem Tod von Tuba und Trompete zu begegnen, dieser wäre vielleicht bald vollzogen.

Jodelei

Ähnlich wie der Blasmusik ergeht es dem traditionellen bayerischen Jodelruf, der nur noch selten erschallt. Früher, also in der Vor-Handy-Zeit, überbrückte man größere Distanzen in gebirgigen Regionen mit dem Jodeln. Der textlose Gesang mit schnellem Wechsel zwischen Kopf- und Bruststimme diente zum Beispiel der Verständigung zwischen Hirten und Sennerinnen auf den Almen. Nicht zu verwechseln ist das Jodeln mit dem Juchitzer, dem freudigen Aufschrei zu jeder Gelegenheit, der noch immer verbreitet ist. Natürlich kann man im Jodeln auch Kurse belegen, womöglich ein Diplom machen, worauf einst der Humorist Loriot anspielte. Tatsächlich wäre das dann wirklich etwas ganz Eigenes, Individuelles in der Bewerbungsmappe.

Holla du Dödel du …

Mach mir den Auerhahn!

Schuhplattler

Das Schuhplatteln ist echte bayerische Tanzkunst zu Melodien des Alpenraums und es reicht keineswegs, sich ein biss-chen auf Schenkel und Schuhsohlen zu klopfen. Im Drei-Viertel-Takt eines Länd-lers muss der Bursch eine Folge von komplizierten Sprüngen und Hüpfbewe-gungen nach dem Rhythmus der Musik vollführen, während er sich auf Schenkel, Knie und Fußsohlen „plattelt", in die Hände klatscht und mit den Füßen stampft. Die hohe Schule der Koordination! Angeblich soll der Schuhplattler dem Balztanz des Auerhahns nachempfunden sein. Ob man damit heute noch ein Mädel gewinnt? Auch das ist unklar! Seit etlichen Jahren gibt es übrigens auch die Volkstanzgruppe der Schwuhplattler – Balztanz ganz ohne Interesse an Frauen.

08 Was ziehe ich an?

**Lass uns einen Verein gründen, Seppl! –
Du und ich?
Sofort, Kathi!**

Gemütliche Gesellschaft

1859 kam es in Miesbach, Oberbayern zur Anmeldung der Gesellschaft Gemüthlichkeit, dem Vorläufer der Trachtenvereine. Heute zählt der Bayerische Trachtenverband über 250 000 Mitglieder, die regelmäßig ihre Tänze üben und den bayerischen Dialekt pflegen. Ziel ist die Erhaltung bayerischer Tracht und bayerischen Brauchtums.

Alpinmode

Die Tracht hat sich in vergangenen Jahrhunderten aus dem Gwand (Gewand) der Bauern entwickelt. Doch neben ihnen mussten sich einst auch Handwerker oder Dienstboten nach einem Reichserlass aus dem Jahr 1530 standesgemäß in ihrer Amts- oder Berufstracht kleiden. Die Herrschenden wollten verhindern, dass sich die Untertanen durch Prunksucht und aufwendige Mode verschuldeten oder es wagten, ihnen Konkurrenz zu machen. Dennoch: Auch mit der bis weit ins 18. Jahrhundert hinein vorgeschriebenen

Diese schwierige Frage zu hohen Festen stellt sich den Münchnern kaum! Sie tragen im Zweifel ihr „Festtagsgwand", gemeinhin „Tracht" genannt. Doch auch wenn das Wort Tracht von „tragen" kommt, so muss hier unterschieden werden zwischen dem heute variationsreich designten Mode-Dirndl und der traditionellen Tracht: Bei ihr darf nicht jeder kombinieren, was er will! Hier hat jede bayerische Region ihre festen Vorschriften, was Farbe, Schnitt und Schmuck betrifft.

Tracht konnte man durch ein Übermaß an Silberknöpfen, teure Seidenschürzen und ausufernden Gamsbart zeigen, wer man ist. Doch Vorsicht: zu viel ist zu viel, auch heute noch. Man halte sich an die traditionellen Teile der Tracht:

Darf's, a bissel mehr sein?

Gut mit Hut!
Ziel der Tracht ist es, „gut behütet" des Weges zu gehen. In Bayern trägt Mann am besten einen Lodenhut aus gewalktem Filz. Der bietet bei Wind und Wetter ein Dach überm Kopf. Ein Adlerflaum oder Gamsbart ist eine schöne, wenn auch teure Trophäe. Beim Gruß und in der Kirche gilt: Hut ab!

Leinenhemd
Baumwolle kam aus den Kolonien in Übersee oder aus Amerika und war lange Zeit entsprechend teuer. Also wurde der Stoff für die Hemden aus den gröberen Fasern der Flachspflanze gewoben. Dieser Leinenstoff ist sehr strapazierfähig.

Die Lederne für'n Buam

Die berühmte, echte Lederhose besteht aus Hirschleder. Man kann sie nicht reinigen, und wenn überhaupt, dann nur gelegentlich mit Regenwasser und Schmierseife waschen. Aber: was bei anderen Hosen als Dreck bezeichnet wird, heißt bei der Lederhose vornehm Patina und macht sie erst zum Original. Gehalten wird sie, wenn nötig, von einem Gschirr, ähnlich den Hosenträgern, niemals von einem Gürtel! Geschlossen wird sie traditionell durch das geknöpfte Hosentürl, niemals mit einem Reißverschluss. Das Türl kann man sehr schnell öffnen, wenn Mann zum Beispiel bieseln muss. Praktisch!

Janker oder Joppe

Die Jacke aus gewalkter Schafwolle, sogenannter Lodenstoff, ist quasi die Mikrofaser von einst: Wollwalk kann mehr als die Hälfte seines Eigenvolumens an Feuchtigkeit aufnehmen, ist temperaturregulierend, atmungsaktiv, dehnbar und weich: gschmeidig halt!

Mann trägt Bart

Bei der beliebten Bartmode des Trachtlers gibt es zwischen Schnauzer und Öhibart unterschiedlichste Vorlieben. Letzterer schenkt dem Mann im Gegensatz zum modischen Hipsterbart das reife Aussehen weiser Philosophen. Der königliche Bart wird und kann nur von Modeschöpfern oder Königstreuen getragen werden.

Den Gamsbart hat man nicht im Gesicht, sondern auf dem Hut. Er wird aus dem teuren Rückenhaar (Aalstreif) erwachsener Gamsböcke büschelförmig gebunden. Die hellen Spitzen, der sogenannte Reif, sind bei echtem Gamshaar nur wenige Millimeter lang.

Wadlstrümpfe

Meist trägt Mann selbstgestrickte Strümpfe oder zumindest Loferl, also Wadlschützer, die bei nur knielangen Lederhosen zumindest die Waden wärmen. Feste Wadl sind ein Schönheitsideal! Nur so kann man kräftig auftreten. Wer dünne Steckerlfüße hat, kann heute sogar Wadl-Implantate kaufen, eine in den Strumpf eingenähte Muskelattrappe aus Schaumgummi.

Haferlschuhe

Dank den Briten! Begeistert von den robusten Schuhen des bayerischen Bergvolks exportierten sie diese *half shoes* in ihre Arbeiterwelt. Der Name Haferlschuh war geboren. Die Orientierung beim Entwurf an der Hufe einer Gemse sollte den Schuh auch am Berg trittfest und bequem machen. Enjoy!

Charivari

Ein Bettelarmband für echte Männer! Diese Kette mit Medaillen, Zähnen, Tierpfoten, Dachsbärten oder Hornstücken von erlegten Tieren ist Glücksbringer und Trophäe des erfolgreichen Jägers, wird aber an der Hose getragen.

Bluse und Mieder

Je nach Alter und Absicht ist der Ausschnitt der Bluse unterschiedlich tief und das Mieder unterschiedlich eng geschnürt. Das sogenannte Holz vor der Hüttn, wie die weibliche Brust auch manchmal genannt wird, tritt so in einem gewissen Alter reizend zutage.

Schürze

Schürzen sind bei der täglichen Arbeit sehr praktisch. Zumindest muss nicht gleich das ganze Kleid gewaschen werden. Die Art, die Schürze zu binden, verrät viel über den Familienstand der Trägerin. Also Buam, aufgepasst!

Schmuck

Zu den Accessoires gehören Tasche oder Weidenkörberl. Als Schmuck dient eine sogenannte Kropfkette. Diese hatte früher den Vorteil, die aufgrund von Jodmangel krankhaft vergrößerte Schilddrüse, also den „Kropf", zu bedecken. Heute gibt es Jodsalz und daher weniger Kropfschmuck.

Das Dirndl fürs Madl

Dirndl bedeutet auf Bayerisch eigentlich junges Mädchen – und ist natürlich nicht mit dem modern gebrauchten, verwandten Begriff „Dirne" zu verwechseln! Dirndl waren einfache Bauernmädchen, und deren schlichte Kleider bei der täglichen Arbeit nannte man Dirndlgwand. Dieses ist unbedingt von der aufwendigen und in Farbe und Ausstattung klar definierten Festtagstracht zu unterscheiden.

Wenn ich verheiratet bin, trage ich meine Schleife rechts!

Anleitung zum Schürzen-Binden

An der weiblichen Tracht erkennt Mann nicht nur Herkunft und Wohlstand einer Frau, sondern, meist mindestens so wichtig, auch den Familienstand. Hier sind die Regeln:

Schleife links, Glück bringt's!
Denn die auf der linken Seite gebundene Schürze bedeutet: Die Frau ist unverheiratet! Die Kontaktaufnahme (bayr. Anbandeln) ist erlaubt, vielleicht sogar erwünscht?
Schleife rechts: Zu spät!
Die Dame ist vergeben oder sogar verheiratet. „Anbandeln" bringt womöglich Ärger!
Schleife hinten: Mein Beileid!
Sitzt die Schürzenschleife hinten, hat die Frau ihren Mann schon wieder verloren, so heißt es. Sie ist also Witwe. Nicht zu verwechseln mit den Bedienungen in bayerischen Traditionsgaststätten, die beim schweren Maßen-Tragen auch oft zu bemitleiden sind und ebenfalls häufig ihre Schleife hinten tragen.

09 Munichs last Topmodels!

Miss München ist natürlich ein begehrter Titel und wurde über Genera-tionen nach unterschiedlichsten Kriterien vergeben. Einst übernahm sogar der König selbst das Casting und wählte bei Bällen, Konzerten und auf der Straße die „Schönsten des schönen Geschlechts" aus. Nachdem es damals aber noch kein Internet oder Snapchat gab, um diese zu präsentieren oder zu liken, ließ Ludwig I. von seinem Hofmaler Joseph Karl Stieler 38 Porträts in Öl für seine persönliche Schönheitengalerie anfertigen, die noch heute in Schloss Nymphenburg zu bewundern ist. Das Schönheitsideal hat sich seitdem mehrfach gewandelt und absolute Schönheit muss heute nicht mehr, wie damals vom König erwünscht, auch „das sittlich Gute und moralisch Wahre" verkörpern.

„Rastlos getrieben –
immer zu lieben ..."

Die fesche Lola

Nachdem Elizabeth Rosanna Gilbert, die Tochter einer irischen Landadeligen, in Sevilla spanische Tänze und die Sprache gelernt hatte, gab sie sich fortan als Lola Montez aus. Sie zeigte ihr Können auf den europäischen Bühnen, wo König Ludwig I. sofort Feuer fing. Er wollte nicht nur ihre Tänze sehen – und so wurde die 25-jäh-rige Hochstaplerin bald die Geliebte des 60-jährigen Königs. Das zahlte sich aus: Neben einem Adelstitel erhielt Lola auch ein Palais in München sowie eine üppige, jährliche Geldzahlung. Doch bald löste die mit ihrer Dogge, Zigarre rauchend

Die schöne Münchnerin

Mit 15 Jahren kam Helene Kreszenz Sedlmayr in die Stadt und arbeitete als Dienstbotin für ein Spielwarengeschäft. Als solche lieferte sie auch Puppen und Bauklötze für die Prinzen und Prinzessinnen ins Schloss, wo König Ludwig I. auf ihre Schönheit aufmerksam wurde. Er ließ sie umgehend von seinem Hofmaler für seine Schönheitengalerie in Öl malen und schenkte ihr sogar die hübsche Altmünchner Tracht auf dem Bild. Seither gilt Helene als „die schöne Münchnerin". Sie heiratete bald darauf Ludwigs Kammerdiener, von dem sie zehn Kinder bekam. Von ihrem kleinen Ludwig war der König persönlich zumindest Taufzeuge.

durch die Stadt ziehende Skandalnudel einen Aufruhr unter den Studenten aus und musste München und den Geliebten im Schloss verlassen. Lola zog an der Seite wechselnder Partner durch die Welt, schrieb Schönheitsratgeber und trat am Broadway in New York in der Theaterrevue *Lola Montez in Bavaria* auf. Ihr Grab befindet sich in Brooklyn, USA.

„Wenn Gott die Männer misst, legt er das Maßband nicht um den Kopf."

Wenn du mal in den Kopf einer Frau blicken möchtest, komm ruhig rein. Ich bin von innen begehbar.

Mama Bavaria

Sie ist der Inbegriff der gestandenen bayerischen Frau: kräftig – mit ihren über 18 Metern Höhe wiegt sie über 87 Tonnen –, mit ordentlich Oberweite, in ein Bärenfell gekleidet, von Eichenlaub bekrönt und natürlich begleitet vom bayerischen Löwen. Ludwig Schwanthaler hat diese kolossale Bronzestatue entworfen. Gegossen wurde sie in der Erzgießerei Ferdinand von Millers, deren Werkstätten während eines Brennvorgangs Feuer fingen. Seit 1850 wacht die Bavaria über die Theresienwiese und als Patronin über das ganze Land. „Ich bin 64 Jahre alt, hab viel des Schönen gesehen, so Schönes noch nie", war die Reaktion König Ludwigs I. bei ihrer Enthüllung.

Der Barberinische Faun

Er ist der schönste Mann Münchens – und er weiß sich zu präsentieren. Der Satyr aus dem Gefolge des Dionysos, Gott des Weines und Wahnsinns, hat wohl wild gefeiert. Vom Tanzen und Trinken ermattet, ist er auf einen Felsen gesunken und schläft nun seit über 2000 Jahren auf seinem Pantherfell. Man fand die Marmorfigur in Rom, nahe der Engelsburg, zu einer Zeit, als Urban III. aus der Familie der Barberini Papst war – daher sein Name. Lange hat es gedauert, bis der bayerische König Ludwig I. ihn endlich für seine Antikensammlung erwerben konnte.

Wie in jedem Museum gilt leider auch hier: Don't touch!

Dummheiten, ja! Aber Reue?

Sex, Drugs, Rock'n'Roll

Sie war eines der bestbezahlten Top-Models der 1960er-Jahre und arbeitete unter anderem für die Modezeitschrift *Vogue*, wo sie auf einigen Fotostrecken nicht nur ihr Gesicht präsentierte, sondern auch ihren Körper und die Anleitung zum Drehen von Joints. In München lebte Uschi Obermaier in einer der ersten Schwabinger Wohngemeinschaften, der sogenannten Highfish-Kommune, mit diversen Mitbewohnern zusammen, bevorzugte dort die freie Liebe und hatte als eines der ersten Rockmusik-Groupies Affären mit Mick Jagger und Keith Richards von den Rolling Stones. Uschi Obermaier war das Sexsymbol einer ganzen Generation, bevor sie mit einem ausgebauten Bus viele Jahre durch die Welt zog.

10 Tierisch

Im Münchner Großstadtdschungel gibt es einen ungeahnten Tierreichtum. Alleine vier Naturschutzgebiete im Stadtgebiet sowie riesige Parks und Grünflächen ziehen Tausende Füchse, Rehe und Fasanen an. Biber bevölkern die Auen der Isar, Vögel die Vorgärten, Bienen die Blumenkästen und natürlich Mäuse die U-Bahn-Tunnels. Darüber hinaus gibt es allerdings auch noch ein paar prominente tierische Bewohner der Stadt.

Noch ein Glas Wein?

Cosa Rara, ein selten schönes Ding

Neben Schwänen schwärmte König Ludwig II. vor allem für Pferde und während sein Großvater Ludwig I. noch hübsche Frauen für seine Schönheitengalerie porträtieren ließ, beauftragte Ludwig II. den Maler Friedrich Wilhelm Pfeiffer mit einer Serie von Gemälden von 26 seiner auserlesenen Pferde. Die jeweiligen Bilder – Pferde und Frauen – sind heute in der Sommerresidenz Nymphenburg zu sehen, die einen im Schloss, die anderen im Marstallmuseum. Zum Vergleich steht dort auch das ausgestopfte Lieblingspferd Ludwigs: Der Apfelschimmel hörte auf den Namen Cosa Rara (lateinisch: eine seltene Sache) und soll zum Trinken auch mal Wein bekommen haben.

Vom Aussterben bedroht!

Nur noch wenige Exemplare des bayerischen Wolpertingers haben überlebt – die meisten hängen als ausgestopfte Trophäe an der Wand heimischer Jäger. In freier Wildbahn bekommt man den scheuen Waldbewohner nur bei Vollmond zu Gesicht, heißt es. Eine Legende besagt, dass Wolpertinger lediglich von jungen, gut aussehenden Frauen in Begleitung eines zünftigen Mannsbildes gesehen werden können. Für Menschen ist er ungefährlich, sondert aber bei Bedrohung eine übel riechende Flüssigkeit ab, deren Gestank erst nach sieben Jahren wie von Zauberhand verschwindet. Der gemeine Wolpertinger gleicht einer Kreuzung aus Hase und Rehbock, doch paart er sich gelegentlich auch mit anderen Tieren. Diese seltenen Mischlinge sind jenseits von magischen Vollmondnächten vor allem im Jagd- und Fischereimuseum zu studieren.

Was bin ich?

Ich bin ein Problembär

Nach über 170 Jahren überschritt ein italienischer Bär im Jahr 2006 erstmals wieder die Landesgrenze zu Bayern und überfiel außer ein paar Bienenstöcken auch Hühnerställe. JJ1, der Erstgeborene der Eltern Joze und Jurka, wurde bald von der Bevölkerung liebevoll Bruno genannt, die Politiker allerdings machten ihn in ihren Reden schrittweise vom „Normalbären" zum „Schadbären" und schließlich zum „Problembären". Er wurde zum Abschuss freigegeben. Als It-Bär und Zentrum internationalen Medieninteresses, über den sogar die *New York Times* berichtete, wurde sein Leichnam nach erfolgreicher Bärenjagd ausgestopft und ist heute im Museum Mensch und Natur in Nymphenburg zu sehen.

Immerhin wurde nicht nur ich ausgestopft, sondern es wurden auch noch rund 1000 Bienen präpariert, die hier zwischen Waben und Bienenkästen sitzen.

Gut gebrüllt Löwe

Der Löwe ist die Symbolfigur Bayerns. Du findest ihn in München vor Denkmälern, in Nymphenburger Porzellan gebrannt, den Maßkrug hebend vor dem Löwenbräu-Oktoberfestzelt und natürlich im Staatswappen. Dort dienen Löwen als Schildhalter. Als Inbegriff von Stärke und Wehrhaftigkeit wurden sie früher sogar am Münchner Hof gehalten und als wertvolle Geschenke überreicht. Ein jeweils eigens angestellter Löwenmeister kümmerte sich bis ins 18. Jahrhundert um die herzoglichen Raubtiere in Zwinger und Menagerie des Stadtschlosses. Gegenüber der Residenz, vor der Feldherrnhalle, stehen noch heute zwei steinerne Exemplare, wobei der linke sein Maul recht weit aufreißt. Man sagt, er sei ein geschwätziger Preuße, während der rechte, als bayerischer Löwe, eher mürrisch dreinblickt.

Elefanten zum Gebet

Wer lebendiges Groß- und Kleinwild sehen will, ohne auf die Pirsch zu gehen, besucht den weltberühmten Tierpark Hellabrunn. Auf dem Gebiet des ehemaligen Adelssitzes und Lustschlösschens Hellabrunn wurde bereits 1911 ein Zoo gegründet, der heute nach dem Geo-Prinzip geordnet ist: einmal um die Welt kannst du die Tiere – von den Polen bis nach Afrika – nach Kontinenten gegliedert besuchen. Im Zentrum Asiens steht das 1914 eröffnete, jüngst renovierte Elefantenhaus, das wegen der damals vorherrschenden Orientbegeisterung baulich an eine by-zantinische Kirche bzw. islamische Moschee erinnert. Es ist das Wahrzeichen des Tierparks, in dem auf 400 000 Quadratmetern rund 19 000 Tiere aus 733 Arten zu Hause sind.

Uropa Eli

Mammut, Riesenhirsch oder Säbelzahntiger – gemeinhin nimmt man an, es gäbe sie nicht mehr in Bayern. Doch in einem herrlichen Lichthof in einem Palais der Maxvorstadt haben sich die Dinos und Urzeit-Lebewesen erhalten. Der Archaeopteryx bavarica oder der kleinste Dino Bayerns, der Zwergdino Compsognathus, dessen Skelett sich 150 Millionen Jahre im Solnhofer Plattenkalk versteckt hat, stehen hier neben dem Star der Münchner Ur-Welt. Ein Hobbyangler stieß einst im Inn bei Mühldorf auf den Schädel eines mächtigen Elefanten. Zwar hing kein Rüssel mehr zwischen den vier Stoßzähnen, doch die zwölf Millionen Jahre alten Knochen steckten nahezu komplett im Schlamm. Als drei Meter hoher Abguss sind sie heute zu dem einzig vollständigen Skelett eines Urelefanten im Paläontologischen Museum München zusammengefügt.

Hellabrunn-News 2016: Elefantendame Mangala zufrieden mit neuer Immobilie. 1000 Quadratmeter Wohnraum, helle Räume und Indoor-Pool in bester Münchner Lage.

Halt's Maul!

Hurra, hurra, der Pumuckl war da!

Eigentlich ist er unsichtbar – außer er klebt zum Beispiel an einem Leimtopf fest. Und genau so geschah es, dass der kleine Kobold Pumuckl für den Schreinermeister Eder sichtbar wurde ... Ein altes Koboldsgesetz besagt, dass er nun bei dem alten Junggesellen bleiben muss, dort in der Münchner Schreinerei in der Widenmayerstraße 2. Zumindest diente die ehemalige Werkstatt im dortigen Hinterhof ab 1979 als Drehort für die berühmte Fernsehserie nach den Büchern von Ellis Kaut. Als Nachfahre der Klabautermänner und damit als echter Zuagroaster (Zugereister) in der Stadt macht der Kobold am liebsten Schabernack, schläft in Sägespänen, liebt Schokolade, Pudding und Unordnung – die eher rheinisch-reinlichen Heinzelmännchen sind ihm suspekt. Das Haus mit der Schreinerei ist inzwischen abgerissen, der Pumuckl in München wieder unsichtbar – außer als spuckende Brunnenfigur im Luitpoldpark.

Vorsicht, ich spucke in unregelmäßigen Abständen!

Unverwechselbar und nur hier in München in ihrer ganz besonderen Art zu finden – Münchner Originale eben: Wie in einem seltenen Biotop gediehen in dieser Stadt viele solch besondere Geschöpfe und Literatur, Filme und Erzählungen machten sie unsterblich. Schade nur, dass sie kaum Nachwuchs haben.

Der Engel Aloisius

„Alois Hingerl, Dienstmann Nr. 172 am Münchner Hauptbahnhof, erledigte einen Auftrag mit solcher Hast, dass er vom Schlag getroffen zu Boden sank und starb." So beginnt die Geschichte vom Münchner im Himmel, der dort, als Engel Aloisius von Petrus in die Hausordnung eingeführt wird. Mit einer Harfe muss er von morgens acht Uhr bis mittags zwölf Uhr frohlocken und von mittags zwölf Uhr bis abends acht Uhr Hosianna singen. Leider gibt's dafür nur ein bisserl Manna, also Himmelsbrot, und keinerlei Bier oder Schnupftabak. Was bleibt Aloisius da, außer einem fluchenden: „Zefix Halleluja!" Verzweifelt über den heimwehgeplagten Münchner schickt ihn der liebe Gott schließlich als Boten auf die Erde, um der bayerischen Regierung fortan die göttlichen Eingebungen zu überbringen. Aloisius' erster Weg führt allerdings zunächst ins Hofbräuhaus, auf „oa Maß, zwoa Maß..." Gefühlt sitzt er da noch heute am Stammtisch. Tja, Herr Ministerpräsident...

„Zefix Halleluja!"

Waldi

Er war das allererste offizielle Olympia-Maskottchen: Der Dackel Waldi, in den Farben der Spiele 1972. Gestaltet wurde er von dem Grafikdesigner Otl Aicher nach der Idee des Präsidenten des Olympischen Komitees Willi Daume. In seiner klaren Form kämpft er noch immer einsam gegen den Souvenirkitsch, den die sportlichen Großereignisse sonst so hervorbringen, furchtlos, eigensinnig, zäh und widerstandsfähig, wie der Dachshund nun mal so ist. Der Dackel, wenn auch nicht in diesem Farbschema, genießt in München weite Verbreitung, Vorkommen meist unter dem Biergartentisch, darauf das Weißbierglas.

Monaco Franze

Da sitzt er noch vor dem Café Münchner Freiheit – der Lebenskünstler und „ewige Stenz", soll heißen Frauenheld, der „Monaco". Seit der berühmten, gleichnamigen Serie aus den 1980er-Jahren genießt er Kultstatus und viele seiner Sprüche sind fest im Münchner Sprachgebrauch verankert. In der Rolle des Monaco Franze verkörperte der Schauspieler Helmut Fischer das damalige Lebensgefühl in der Isarstadt. Und tatsächlich entdeckte ihn der Regisseur Helmut Dietl in einem Schwabinger Café. „Lässig, cool und von windiger Eleganz", beschrieb Dietl ihn. Es lohnt, sich zu ihm zu setzen und die Passanten zu mustern, denn „A bissel was geht immer, Spatzl".

Karl Valentin

„Mögen hätt ich schon wollen, aber dürfen hab ich mich nicht getraut!" So ging es zunächst auch Karl Valentin, dem einstigen Schreiner, der bald zusammen mit seiner genialen Partnerin Liesl Karlstadt auf der Bühne zu einem der berühmtesten Komikerduos in München werden sollte. Beide wurden neben anderen Volkssängern als Brunnenfiguren auf dem Viktualienmarkt verewigt und haben sogar ein eigenes

Museum im Isartor, wo neben ersten deutschen „Comedy"-Filmen in schwarz-weiß auch der Nagel ausgestellt ist, an den Valentin schließlich seinen bürgerlichen Handwerksberuf hängte, oder der pelztragende Winterzahnstocher. 6,99 Euro kostet der Eintritt für Familien, 99-Jährige in Begleitung ihrer Eltern kommen kostenlos rein! Und die Uhr am Isartor läuft anders, wie angeblich alle Uhren in Bayern.

Kutscher, halt!

Das Pferderennen im Rahmen des Oktoberfests hatte er vierzehnmal gewonnen. Der Kutscher Franz Xaver Krenkl preschte mit seinem Gespann durch den Englischen Garten, als er die gemächlich fahrende, königliche Kutsche Ludwigs I. dreist und verbotenerweise überholte. Im Vorbeijagen rief er seiner Majestät noch triumphierend zu: „Wer ko, der ko!" (Wer kann, der kann) und prägte mit dieser Majestätsbeleidigung Einstellung und

Sprachgebrauch der Münchner bis heute. Vom Karlstor blickt er auf die Stolzen und gelegentlich Übermütigen herab. In den anderen Ecken leisten ihm der Hofnarr Prangerl, der Volkssänger Sulzbeck und der Finessensepperl Gesellschaft. Er war als Überbringer von Liebesbriefen aktiv – was drin stand? „Nix Gwies woaß ma ned", war seine Antwort, will heißen: Man weiß nichts Genaues.

Wer ko, der ko!

Franz Xaver Krenkl

12 Mahlzeit!

Der Münchner mag es deftig und es gibt Gerichte, die vor allem südlich des sogenannten Weißwurstäquators gegessen werden. Dabei handelt es sich um eine magische Grenze, die das angeblich echte Bayern vom Rest der Welt trennt. Wo sie genau verläuft, wurde geografisch noch nicht festgelegt.

Geburt der Weißwurst

Im Februar 1857 stand der Moser Sepp, Wirt der Gaststätte Zum Ewigen Licht am Marienplatz, vor einem Problem: Ihm waren die zarten Schafsdärme zur Zubereitung seiner Bratwürste ausgegangen, doch die Gäste waren hungrig. Also griff er behände zu den festeren Schweinsdärmen und packte seinen Kalbsbrät zusammen mit Petersilie und ein paar Gewürzen hinein. Damit der festere Darm beim Braten nicht platzte, brühte Sepp die Würste stattdessen mit heißem Wasser ab und servierte sie noch in der Wasserschüssel.

Auszutzeln

Die festen Schweinsdärme kann man bei der Weißwurst natürlich nicht mitessen. Es gibt allerdings verschiedene, akzeptierte Arten, an die Füllung zu gelangen. Der geübte Insider schneidet den Zipfel ab und zutzelt die Wurst aus, nachdem er sie vorher in süßen Senf getaucht hat. Der handwerklich Geschickte seziert die Wurst mit einem geraden oberflächlichen Längsschnitt, entfernt gekonnt die Haut und isst dann das Innere – gerne mit der Hand. Auf keinen Fall darf die Weißwurst – ähnlich einer Currywurst – inklusive Haut quer in Rädchen aufgeschnitten werden – das macht nur der Saupreiß. Er ist es auch, der „ein Paar Weißwürste" bestellt, nicht wissend, dass diese Wurst ein geselliger Individualist ist. Es werden eine, zwei oder drei … Weißwürste in der Terrine serviert, aber: kein Paar!

Ich fühle mich ganz ausgelutscht!

Tod der Weißwurst

Zwölf Uhr mittags – der Tod der Weißwurst kommt traditionell mit dem Zwölf-Uhr-Läuten. Da die Kalbfleischreste, aus denen die Würste früher hergestellt wurden, empfindlich auf Wärme reagierten und es kaum Kühlmöglichkeiten gab, wurden die Weißwürste schnell ungenießbar, sollten also das Mittagsläuten der Turmuhr nicht zu hören bekommen. Dementsprechend gelten sie bis heute als Mahlzeit für das zweite deftige Frühstück.

Scharf aber süß

Beim bayerischen, süßen Senf wird den grob gemahlenen Senfkörnern Zucker oder sogar Honig beigesetzt. 1854 stellte Johann Conrad Develey diese Rezeptur erstmals in seiner Münchner Senfmanufaktur in der Kaufingerstraße her und wurde bald zum Königlich Bayerischen Hoflieferanten. Als einer zahlreicher Prominenter ist er auf dem Alten Südlichen

Gib deinen Senf dazu!

Friedhof in München beigesetzt. Die Firma Develey beliefert heute, seit über 45 Jahren, auch McDonalds mit Ketchup und Mayo. Diese beiden dürfen allerdings auf keinen Fall auf einer Weißwurst landen.

„A Leberkassemme"

Diesen quasi bayerischen Burger – ohne Käse, Zwiebel und Salat, manchmal mit saurer Gurke – bestellt man in der Mittagspause – der Handwerker beim Metzgerei-Imbiss, der Schüler am Pausenkiosk. Grundlage ist traditionell die einfache Weizensemmel. Dazwischen dann der Leberkas. In ihm ist Vieles drin – nur keine Leber und kein Käse. Die Zutaten sind gepökeltes, grob entsehntes Rindfleisch und fettreiches Schweinefleisch, Speck, Wasser, Salz und Majoran, zu einer feinen Masse verarbeitet und als Brät in einer Backform gebacken.

Knödel

Während der Norddeutsche ab und an einen Kloß im Hals verspürt, kennt der unerschrockene Bayer nur Knödel. Er rundet im wahrsten Sinne des Wortes jeden Schweinebraten mit Dunkelbiersoße ab und Knödel mit Soße ist nicht nur bei Kindern ein beliebtes und günstiges Gericht. Die Knödel werden entweder aus trockenen Semmeln oder geriebenen Kartoffeln hergestellt. Natürlich kann der Eilige auch zu den Päckchen mit vorbereitetem Kartoffelteig greifen. Fertigknödel aus Kartoffelpulver werden meist von der Münchner Marke Pfanni produziert. Sie kamen bereits kurz nach dem Zweiten Weltkrieg auf den Markt. Billig und leicht zuzubereiten ernährte die Kartoffel in neuer Form ganze Familien. Die Pfanni-Werke aus dem Münchner Osten, dem heutigen Werksviertel, wurden zur Weltmarke für dampfendes Kartoffelpüree und den „Ur-Knödel" der Fertiggerichte.

Brezn-Brotzeit

An bayerischen Brezn kaut ein Münchner Kind bereits, bevor es Zähne hat. Den Namen kann es erst herleiten, wenn es Latein lernt: *Brachia*, die Arme, wurden bei der religiösen Andacht vor der Brust verschlungen. Die daran angelehnte Breznform entwickelte sich dann zu einem Gebildbrot, einem Fastengebäck aus Laugenteig, das vor allem in gut katholischen, südlichen Regionen heimisch wurde. Dazu passt am besten aufgeschnittener Radi (Rettich), Butter oder Obatzter (pikant angemachter Käse mit Zwiebeln).

Zum Weinen

Der weiße Rettich, lateinisch *radix* (die Wurzel) oder bayerisch Radi, ist aus dem Mittelmeerraum nach Bayern gekommen. Schon der alte Römer konnte also mit dieser Heilpflanze seinen Tagesbedarf an Vitamin C stillen, Verdauung und Stoffwechsel in Schwung bringen und auf die antibiotische Wirkung vertrauen. Diese steckt im Senföl, das den Radi scharf macht! In Bayern auch Bierrettich genannt, wird er zur Brotzeit roh gegessen und gelegentlich künstlerisch in Form einer Ziehharmonika aufgeschnitten. Anschließend bestreut man ihn mit Salz und lässt ihn „weinen". Salzige Tränen bilden sich auf den Radischeibchen, und Trost findet man eben im Bier. Die kleine fröhliche Schwester des weißen Radi, für den kleinen Hunger, ist übrigens das rote Radieserl.

13 Ein Prosit

Im Sommer kein Bier? Unvorstellbar! Jedoch wird der vergorene Gerstensaft bei hohen Temperaturen schnell sauer. Sowohl das Brauen mit untergäriger Hefe als auch die Lagerung von Bier verlangen Temperaturen zwischen vier und acht Grad. Solange also der Kühlschrank noch nicht erfunden war, musste ab Mai Wein oder Wasser getrunken werden. Die Brauperiode begann bis ins 19. Jahrhundert hinein erst an Michaeli (29. September) und endete an Georgi (23. April). War das Märzenbier des Frühlings ausgetrunken, drohte die bierlose Zeit in Bayern – kein Sommermärchen!

Hopfen und Malz –
Gott erhalt's

Biergarten-Tradition

Um das Bier möglichst lange kühl lagern zu können, legten die Münchner Bierbrauer tiefe Keller am Isarhochufer an und füllten sie im Winter mit Eis. Oberhalb der Bierkeller streute man kühlenden Kies und pflanzte großblättrige, schattenspendende Kastanien, deren flache Wurzeln nicht in das Kellergewölbe eindrangen. So war der Biergarten geboren, wo sich der Bürger direkt am Ausschank oberhalb der Bierlager seine Maß füllen lassen konnte. Die Abwanderung von Gästen zu diesen beliebten Ausflugszielen im Grünen sorgte bei den Münchner Restaurantbesitzern für Unmut. Daraufhin legte König Maximilian I. im Jahr 1812 fest: Der Brauer darf nur Bier ausschenken, aber keine Speisen servieren. Das Mitbringen einer Brotzeit sei allerdings erlaubt – bis heute ist das so, wenn auch in der Zwischenzeit nur an den ungedeckten Biertischen!

Viktualienmarkt

Am besten eignet sich für einen solchen Biergartenbesuch der Viktualienmarkt, wo sich an über hundert Ständen eine Brotzeit für jeden Geschmack zusammenstellen lässt. Mehr als zweihundert Jahre ist es her, dass König Maximilian I. den Markt vom Marienplatz an die heutige Stelle verlegte, damit Schlachtabfälle, Kraut und Rüben nicht mehr das Stadtzentrum des jungen Königreichs besudelten.

1516 – Reinheit wird Gesetz

Bier galt in Bayern als „flüssiges Brot" und damit als preiswertes und hochwertiges Grundnahrungsmittel. Um den beliebten Trunk trotz fehlender Kühlung länger haltbar zu machen, mischten die Brauer bald zur Konservierung Ochsengalle ein oder verstärkten den Alkoholgehalt durch Zusetzen von Branntwein, Wermut oder sogar Tollkirschen. Das warm gewordene, „saure Bier", das dennoch angeboten werden sollte, wurde mit Lorbeer und Wacholder im Geschmack verändert. 1516 machte man dem ganzen Gepansche ein Ende und führte das Reinheitsgebot ein. Als erstes Lebensmittelgesetz in ganz Europa regelt es bis heute die Inhaltsstoffe des Bieres: Hopfen, Wasser und Malz – Gott erhalt's.

Sechs Richtige?

Im Biergarten am Viktualienmarkt schenken die sechs Münchner Großbrauereien im Wechsel aus. Über dem Ausschank verweist ein Schild auf die derzeit fließende Biermarke. Alle Sechs kannst du am Maibaum vor Ort, auf den Fässern des dortigen Brauwagens erkennen: Augustiner, Hacker-Pschorr, Hofbräu, Löwenbräu, Paulaner und Spaten. Sie sind zwar traditionell in München ansässig und daher auch die einzigen, die auf dem Oktoberfest Bier ausschenken dürfen, gehören allerdings zumeist verschiedenen internationalen Großkonzernen. Manche Münchner behaupten daher, es gäbe nur die eine wirkliche Münchner Brauerei: Augustiner. Sie wird quasi noch familiär von den Nachkommen von Josef Wagner geführt, zum großen Teil in Form einer sozial und kulturell engagierten Stiftung, und braut seit 1328 nicht zuletzt den besonders beliebten Edelstoff. Damit ist Augustiner die älteste der Brauereien vor Ort und heute die einzige, die auf der Wiesn noch aus den traditionellen Holzfässern, den sogenannten Hirschen, ausschenkt. Wenn man bedenkt, dass sich ein solches Zweihundert-Liter-Fass im Oktoberfestzelt in zwölf Minuten leert, ist das eine Meisterleistung im Dienste der Tradition!

Ich bin eine maßgebende Persönlickeit.

Flüssiges bricht
Fasten nicht!

Die Mönche und das Bier

So manchem Mönch wäre es sicher lieber gewesen, wenn Jesus einst Wasser in Bier verwandelt hätte. Der im kühlen Bayern angebaute Wein schmeckte nämlich eher sauer nach Essig, das Bier aus abgekochtem Wasser galt dagegen als süffig, nahrhaft und gesund. Entsprechend wurde schon früh in den Klöstern – zunächst für den Eigenbedarf – Bier gebraut, und mit dem Maßhalten hatten die Mönche schließlich viel Erfahrung.

Der Berg ruft

Die Mönche des Paulanerordens lebten nach sehr strengen christlichen Regeln. Allein ein Drittel des Jahres bestand für sie aus Fastentagen. Um diese nur mit Flüssignahrung zu überstehen, braute vor allem ein gewisser Bruder Barnabas ein besonders gehaltvolles und damit alkoholreiches Bier, das Sankt-Vaters-Bier, das heute als Salvator so manchem über die lange Fastenzeit bis Ostern hilft. In München nennt man diese Fasten- und Starkbierzeit auch die fünfte Jahreszeit und pilgert zur Paulaner Brauerei am Nockherberg. Verzicht wird dann in anderen Lebensbereichen geübt.

München — Kgl Hofbräuhaus

Wem gehört das Hofbräuhaus?

Wie schon der Name besagt (ursprünglich) dem Hof. Die Brauerei wurde im 16. Jahrhundert unter Herzog Wilhelm V. gegründet, um den Hofstaat mit eigenem Bier zu versorgen, statt es teuer einzukaufen. Mitte des 19. Jahrhunderts unter König Maximilian II. ging dieses wertvolle Eigentum allerdings in den Besitz des bayerischen Staates über, sodass es heute der bayerischen Regierung, speziell dem Finanzministerium, unterstellt ist. Die über 33 Millionen Liter gebrautes Bier pro Jahr sind eine gute zusätzliche Einnahmequelle für den bayerischen Haushalt. Getrunken wird dieses Bier besonders gern im Hofbräuhaus am Platzl, das weltweit als beispielhaftes bayerisches Wirtshaus gilt, mit Biergarten, Festsaal, bayerischer Blasmusik und Schwemme, wo, so der Dichter Paul Heyse, „auf brüderlichen Bänken Hoch und Gering (heute auch Bayern und die Welt) in traulichem Gemische" zusammenfinden.

Schäffler, tanz!

Der Schäffler, auch Böttcher oder Fass-binder genannt, ist derjenige Handwerker, der Behälter aus Holz fertigt und dabei die Dauben, also speziell geformte Holz-stücke, mit eisernen Reifen zusammen-fügt. Für die Brauer waren die Schäffler wichtige Lieferanten und in München sind sie allein durch ihren täglichen Tanz im Glockenspiel des Rathauses gegen-wärtig. Sie sollen die ersten gewesen sein, die nach einer schweren Pestepide-mie die Bevölkerung durch ihre fröhlichen Tänze und Musik wieder aus den Häusern lockten. Heute führen die Schäffler ihre Tänze nur noch alle sieben Jahre zur Fa-schingszeit auf. Das Bier wird in der Regel auch nicht mehr in Holzfässern, sondern in Edelstahlbehältern gelagert.

„Aba heit is' koit, aba heit is' koit ..."

14 Wiesn-Wunder-Welt

Seinen Ursprung hat das größte Volksfest der Welt, das Münchner Oktoberfest (bayerisch Wiesn), in der Hochzeit des damaligen Kronprinzen und späteren Königs Ludwig I. mit Therese von Sachsen-Hildburghausen am 12. Oktober 1810. Zu diesem Anlass ließ man die früher bei einer Hochzeit im Hause Wittelsbach übliche Tradition von Volksfesten wiederaufleben und veranstaltete ein aufwendiges Pferderennen vor den Toren der Stadt. Der Erfolg war so gewaltig, dass man sich entschied, das Spektakel jährlich zu wiederholen – bis heute.

Puh! Noch sieben Kilometer!

Die erste Maß geht auf den König!

Ozapft is!

Damit beginnt das Oktoberfest. Der Oberbürgermeister sticht am ersten Wiesn-Samstag mittags um zwölf Uhr im Schottenhamel-Festzelt das erste Fass Bier an. Millionen Menschen weltweit verfolgen dieses Ritual in den Medien. Der Rekord beim Anzapfen liegt bei zwei Schlägen (im schlechtesten Fall waren es sogar 17!).

Trachtler beim Umzug

Um zehn Uhr am ersten Wiesn-Sonntag startet der Trachtenumzug am Beginn der Maximilianstraße und bewegt sich rund sieben Kilometer fast drei Stunden durch die Innenstadt. 9000 Teilnehmer aus Trachten- und Schützenvereinen, Musik-kapellen und Spielmannszügen aus ganz Europa ziehen im historischen Gwand vorüber, angeführt vom Münchner Kindl, dem Münchner Oberbürgermeister und dem bayerischen Ministerpräsidenten. Erstmals fand dieser einzigartige Umzug 1835 zu Ehren der Silberhochzeit von König Ludwig I. und Therese von Bayern statt. Neben dem Einzug der Wiesnwirte am ersten Samstag und dem abschließenden Böllerschießen auf den Stufen der Bavaria am letzten Sonntag darf man dieses Schauspiel nicht verpassen.

Der Traum
vom Fliegen –
endlich wahr!

Klimaerwärmung im September

Inzwischen fallen die 16 Festtage hauptsächlich in den September, nur das letzte Wochenende muss laut Vorgabe im Oktober liegen. So sind die Wettervoraussetzungen besser, wobei das Klima zur Wiesnzeit grundsätzlich wärmer ist als gewöhnlich Ende September – zumindest auf dem Festgelände. Am Abend sorgen Hunderttausende Besucher, ein gigantischer Strom- und Gasverbrauch sowie Millionen Lichter auf 34 Hektar Festwiese für eine örtliche Erwärmung um bis zu zehn Grad im Vergleich zum restlichen Stadtgebiet. Die Luftfeuchtigkeit liegt rund dreißig Prozent höher. Feuchtheiß geht es vor allem in den Wiesnzelten zu! Das Klima ist hier besonders gut und ein Klimawandel nicht in Sicht.

Wiesn in Zahlen

Jedes Jahr kommen rund sechs Millionen Besucher zum Oktoberfest und geben insgesamt knapp 350 Millionen Euro direkt auf dem Oktoberfest aus. Sie trinken beispielsweise etwa 7,5 Millionen Liter Bier, wobei der Liter, also die Maß, mehr als elf Euro kostet. Da der Preis für einen Liter Tafelwasser rund neun Euro beträgt, ist die günstigste alkoholfreie Alternative zum Bier vergleichsweise unattraktiv. Gegen den Hunger werden mehr als 140 Ochsen am Stück gebraten und in Scheiben geschnitten verzehrt. Hinzu kommen etwa 19 Tonnen Fisch, gerne am Steckerl oder in Semmeln verpackt, und über eine halbe Million Hähnchen, zumeist in Hälften serviert. Um diese zu verspeisen, gibt es rund 120 000 Sitzplätze in den Festzelten.

Gefunden!

In dem extra eingerichteten Wiesn-Fund-
büro werden jedes Jahr einige Tausend
Fundstücke abgegeben. Handys, die oft
den freien Fall aus einem der Fahrge-
schäfte nicht unbeschadet überstan-
den haben, Geldbeutel, nicht immer mit
Geld, Kleidungsstücke, deren Eigentum
bei Abholung im Zweifel durch Anprobe
bewiesen werden muss, aber auch Ehe-
ringe, die nicht immer versehentlich ab-
gestreift wurden, und hin und wieder das
Gebiss eines betagten Besuchers. Auch
Kinder werden hier gelegentlich abgegeben – im Gegensatz zu Brillen, Uhren
und Kuscheltieren aber alle wieder ab-
geholt. Es wurde auch berichtet, dass ein
Polizist an einem Tisch einen Mittelfinger
gefunden hat, der wohl beim Fingerha-
keln abgerissen war, einem Volkssport,
bei dem es darum geht, den Gegner am
eingehakten Mittelfinger über den Tisch
zu ziehen. Nach Wiesnende kümmert
sich das Hauptfundbüro der Stadt um die
nicht-verwesbaren Restfunde.

Wildbieseln verboten!

Flüssige Körpersäfte werden auf der
Wiesn selbstverständlich auf Toiletten
und nicht, wie verboten, hinter den Festzelten entsorgt – allein schon aus Rück-
sicht auf die Betrunkenen, die dort gelegentlich ihren Rausch ausschlafen. Für
den Toilettengang stehen 1400 Sitzplätze
und 1 Kilometer Stehplätze kostenlos zur
Verfügung. Na Sauba!

Souvenirs in Massen

In der Regel kauft man ein Lebkuchen-Herzerl „für's Herzerl", schießt eine Plastikrose oder bei mehr Glück ein Stofftier. Eine Urkunde für den Erfolg beim Hauen-Lukas-Schlagen schindet ebenfalls Eindruck. Besonders aber auf die Maß-krüge haben es viele Souvenirjäger abgesehen. Rund 200 000 geklaute Exemplare wurden in den letzten Jahren durch die Polizei sichergestellt. Dabei gibt es schon seit über sechzig Jahren keine hübschen traditionellen Steinzeugkrüge mehr, was zumindest dem „Verein gegen betrügerisches Einschenken" gefallen dürfte. Durch den Glaskrug kann das korrekte Einschenken bis zum Eichstrich und die Sauberkeit des Krugs besser kontrolliert werden. Schwer ist er dennoch. Ein gefüllter Krug wiegt etwa 2,3 Kilogramm. Schleppt eine Bedienung 18 Krüge, sind das über vierzig Kilo. Hochleistungssport!

Freier Fall und dann zur Hinrichtung

Die kühnen Pferderennen anlässlich des Oktoberfestes wurden bald aufgegeben. Nur im Hippodrom konnte man später noch unter den Augen der Festzeltgäste seine Runden hoch zu Ross drehen. Daran erinnerte lange der Name dieses Bierzeltes. Ponyreiten ist natürlich noch beliebt, aber eher in kindlichem Schritttempo und in kleinen Runden. 1818 wurde dann das erste Karussell auf der Wiesn aufgebaut. Heute gibt es unter den knapp 170 Fahr- und Schaugeschäften an Tempo, Höhe und Schauder kaum Grenzen, bis hin zum freien Fall, Fünfer-Looping und täglich „Enthauptungen auf offener Bühne": Beim „Schichtl" werden dazu Kandidaten aus dem Publikum ausgewählt und unter die Guillotine gelegt. Seit 1869 gehen bereits weit über 10 000 Hinrichtungen auf das Konto des aktiven Henkers dieses Illusionstheaters!

Völkerschau

Um 1900 gab es noch sogenannte Völkerschauen auf dem Oktoberfest. Einheimische aus Afrika, von entlegenen Südseeinseln oder ganze Wüstenkarawanen wurden dem staunenden Publikum als seltene Attraktionen vorgeführt. Diese Zeiten sind gottlob vorbei. Heute kommt die Welt freiwillig zum weltbekannten Festtreiben zusammen und führt nicht selten kostenfrei wirklich kurioses Verhalten vor. Beim Großteil handelt es sich dann um Einheimische: Rund siebzig Prozent der Besucher kommen aus Bayern. Am mittleren Wochenende mischen sich traditionsgemäß viele Italiener dazwischen und selbst die Radionachrichten werden auch mal auf Italienisch gesendet.

Wir sind ägyptische Beduinen und mussten unser Lager auf dem Oktoberfest aufschlagen.

15 Feel Glück!

„Vom Ernst des Lebens halb verschont, ist der schon, der in München wohnt." So dichtete einst der Münchner Schriftsteller Eugen Roth. Nun hat, wer nicht in München wohnt, deshalb nicht unbedingt Pech gehabt, kann aber bei einem Besuch vor Ort sein Glück durch einfache Rituale leicht steigern.

Streichelzoo

Wanted! Mit einem Gesuch hielt man in München nach einem Studenten Ausschau, der eine Spottnachricht gegen die fesche Lola Montez, die Geliebte König Ludwigs I., an die Münchner Residenz geheftet hatte. „Es waren derer vier: Ich, Bleistift, Feder und Papier!", notierte der dreiste junge Mann und klebte des Rätsels Lösung um die Urheberschaft der Zeilen erneut ans Hoftor. Jedoch: Er wurde dabei erwischt und vor den König zitiert. Von diesem begnadigt, konnte der Student sein Glück kaum fassen und sank dankbar, sich am Knauf der Löwen vor dem Stadtschloss festhaltend, auf die Knie. Sein Glück blieb am Knauf kleben und bis heute holt sich jeder, der vorbeiläuft, eine Portion davon durch Streicheln ab.

Gute Reise!

Eine besondere Art von Souvenir brachte der Stadtgründer Heinrich der Löwe von einem Kreuzzug mit: Die Hirnschale des heiligen Onuphrius. Dieser äthiopische Fürstensohn hatte sich für ein Leben als asketischer Wüstenheiliger entschieden, nur mit langem Haar und Blättern bekleidet. Heute wacht er in Mosaikform über Pilger und Reisende am Marienplatz. Also: Schau ihm in die Augen, bevor du weiterziehst, dann kann dir auf deinem Weg nichts passieren, heißt es!

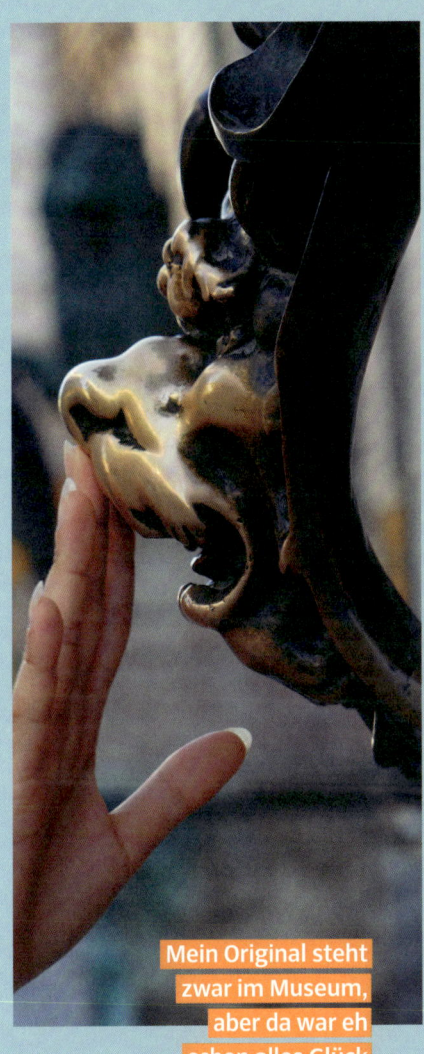

Mein Original steht zwar im Museum, aber da war eh schon alles Glück weggestreichelt.

Nur einen Augenblick ...

#MeToo

„Mein Herz in deinen Händen ruht."

Hand aufs Herz

Ein Katholik kann kein Nationalsozialist sein. Da war sich Pater Rupert Mayer sicher und predigte wortgewaltig gegen das Regime. Er erhielt Redeverbot, wurde wegen Kanzelmissbrauchs vor Gericht gestellt und kam sogar ins Konzentrationslager. Nach Kriegsende 1945 erlitt er während einer Predigt einen Schlaganfall und starb. Als „Apostel Münchens" fast heilig verehrt, sprach ihn der Papst selig. Seine Büste steht in der Bürgersaalkirche in der Münchner Fußgängerzone. In seiner Brust schlug ein aufrechtes Herz, das noch heute christliche Kraft spendet – Hand drauf!

Julia liebt Romeo

Unglücklich verliebt? Da gibt es nur eins: Blumen in den Arm der Julia oder Hände an die Brust der berühmtesten Geliebten aller Zeiten. Die kalte Bronze vor dem Alten Rathaus ist zwar kein Ersatz für echtes Fleisch, aber so kann's mit einer echten Beziehung noch etwas werden, sagt der Volksmund. Eigentlich steht die Statue von Romeos Geliebter im Hof ihres angeblichen Wohnhauses unter dem berühmtesten Balkon Veronas, also in Italien. Nach München kam sie als Kopie und Geschenk der italienischen Partnerstadt in den 1970er-Jahren. Hier ist Anfassen erlaubt. Nur Mut!

Schwein gehabt!

Wer kennt nicht die Schulhymne des „warzenschweinigen Hogwarts"? Geflügelt thront der Eber vor dem Eingang der Harry-Potter-Zauberschule und gleicht der Münchner Version eines sitzenden Keilers vor dem Jagd- und Fischereimuseum ungemein. Fliegen kann diese Bronze nicht, aber wer ihm die Nase rubbelt… Wer weiß? Glück bringt's allemal.

Aus Wasser wird Geld

Früher standen um den Fischbrunnen am Marienplatz die Marktweiber und verkauften die köstlichen Tiere fangfrisch. Deren Schuppen glänzten im Wasser dabei wie Münzen und so entstand der Glaube, dass sich das Geld im Beutel vermehre, wenn man ihn im Brunnen wasche. In dieser Hoffnung kommen jedes Jahr am Aschermittwoch der Münchner Oberbürgermeister und sein Stadtkämmerer zum Fischbrunnen und waschen ihr Portemonnaie – mit mehr oder weniger großem Erfolg.

Tipp: Vor dem Waschen eine kleine Münze in den Geldbeutel legen, denn: Wo nichts ist, kann sich auch nichts vermehren!

Am Rosenmontag springen wir Metzgerburschen zur „Taufe" in den Brunnen – Lehre beendet, endlich frei!

16 Made in Munich

Der Münchner ist sehr erfinderisch! Doch zwischen Lederhose und Laptop, wie es einst ein bayerischer Ministerpräsident formulierte, liegt ein weiter Weg, den man nur unterstützt von einer Vielzahl cleverer Forscher und Erfinder beschreiten kann. Einer der großen Förderer moderner Technik war der Märchenkönig Ludwig II., der die Errungenschaften seiner Zeit, vom Telefon bis zum Speiseaufzug, von elektrischer Beleuchtung bis zur Fußbodenheizung in seinen Schlössern anwandte. 1868 gründete er die heutige Technische Universität in München, in der viele berühmte Erfinder ihre Karriere starteten oder als Professoren fortsetzten.

Mein Motor – ein Skandal?

Rudolf Diesel Düsentrieb

Dieser Mann bewegte die Welt: 1880 schloss er sein Studium des Maschinenwesens mit dem besten Ergebnis seit Bestehen der Technischen Universität in München ab und 13 Jahre später machte Rudolf Diesel seine große Erfindung: Ein Kolben verdichtet ein Luft-Treibstoff-Gemisch so stark, dass es sich von selbst entzündet. Durch diese Explosion wird der Kolben bewegt und Energie auf eine Kurbelwelle übertragen – das dadurch betriebene Auto fährt und fährt und fährt, der Diesel-Motor bewegte und bewegt Generationen... Um 1900, zu Diesels Zeiten, war bei durchschnittlich einem Automobil pro tausend Einwohner in München der Ausstoß von Schadstoffen im Gegensatz zu heute sicherlich noch kein Thema. Wer mit einem Dieselmotor in die Innenstadt fuhr, war ein beachteter und beneideter Mann.

Schmidt ärgere Dich nicht!

Dem Lebensmittelhändler Josef Friedrich Schmidt wurde es zu bunt: Um seine lebhafte Kinderschar in München-Giesing mal ruhig zu stellen, erfand er 1907 das Brett- und Würfelspiel „Mensch ärgere dich nicht". Er ließ einige Tausend Exemplare fabrizieren, spendete sie im Ersten Weltkrieg an Verwundete in Kriegslazaretten und verkaufte seine Schmidt-Spiele bald millionenfach in jedes Kinderzimmer. Heute gibt es sogar Weltmeisterschaften in „MÄDN", wie Kenner das Brettspiel nennen.

Carl the cool Linde

Bier im Sommer? Früher keine Chance! Wird's dem Gerstensaft zu warm, kippt er und wird sauer. War also das letzte Eis aus der Isar in den unterirdischen Bierkellern geschmolzen, gab es vor Erfindung des Kühlschranks etwa ab Mai kein Bier mehr beim Brauer. Das musste sich ändern! In Zusammenarbeit unter anderem mit der Münchner Spaten-Brauerei entwickelte der Universitätsprofessor Carl Linde 1873 die erste praxistaugliche Kühlmaschine. Fortan lag bald immer kaltes Bier im Kühlschrank, wofür Linde von Prinzregent Luitpold sogar den Adelstitel verliehen bekam. Später gab der Erfinder dann sein Lehramt auf und rief zusammen mit Brauern die Gesellschaft für Lindes Eismaschinen AG, heute Linde AG, ins Leben. Kühlmaschinen waren bald sehr gefragt, auch in Kühlhäusern für Lebensmittel oder auf Eislaufbahnen. Die Firma boomte.

Warmes Bier? Pfui deifi!

Man baue mir ein Fluggerät!

Des Doktors Schuhe

Dr. Klaus Märtens Luftpolsterschuhe, getragen zumeist von Damen über 40 – cool klingt anders! Doch als der Arzt nach dem Zweiten Weltkrieg aus Armeeresten, dem Leder der Offiziersuniformen und einigen Tonnen Gummi der ausgedienten deutschen Luftwaffe in seiner Münchner Fabrik Mantel und Sohlen der stabilen, aber bequemen Arbeitsschuhe entwickelte, freute sich auch Frau künftig auf weichen Gummisohlen nicht nur über Trümmer laufen zu können. Die bald in England produzierten Doc Martens machen sich heute selbst zum Dirndl und auch an Stars und Sternchen auf jeder Bühne gut.

Putzteufel-Pettenkofer

Der bayerische Chemiker Max Pettenkofer wurde an der Münchner Universität der erste deutsche Professor für Hygiene. Die Stadt verdankt ihm ihre Kanalisation und eine zentrale Trinkwasserversorgung. Schon gegen Ende des 19. Jahrhunderts galt München als eine der saubersten Städte Europas und mit dem reinen Leitungswasser konnte sich Pettenkofer auch mal ein Süppchen kochen – natürlich aus dem von ihm zusammen mit Justus von Liebig entwickelten Fleischextrakt, dem späteren Brühwürfel.

Hände waschen nicht vergessen!

Beim Einschrauben von Glühbirnen auf dem Oktoberfest ging mir ein Licht auf.

Einstein erleuchtet

Schon als kleines Baby kam Albert Einstein nach München. In der Isarvorstadt, in der Adlzreiterstraße 12, stand die Electrodynamische Fabrik J. Einstein & Cie seines Vaters und Onkels. Die Firma war die erste, die nicht nur Straßenlaternen und Wirtshäuser, sondern 1894 auch das Schottenhamelzelt auf dem Oktoberfest mit künstlichem Licht versorgte. Womöglich bot sie dem kleinen Einstein damals Gelegenheit für einen Ferienjob auf der Wiesn. In dem von ihm besuchten Luitpold-Gymnasium hat zunächst keiner etwas von seinem Talent bemerkt.

Technik, die alle begeistert

Am 9. April 1934 starb Oskar von Miller im Deutschen Museum an den Folgen eines Herzanfalls. Vielleicht gab es zum Abschied keinen besseren Ort für den Begründer dieses weltweit größten Museums für Wissenschaft und Technik, das er 1903 ins Leben gerufen hatte. Schon 1882 hatte der Bauingenieur, Elektrotechniker und Wasserkraftpionier erstmals elektrischen Strom über eine Strecke von rund sechzig Kilometern von Miesbach nach München übertragen, um dort auf der ersten elektrotechnischen Ausstellung eine Pumpe für einen künstlichen Wasserfall zu betreiben. Einige Jahre später baute er eines der ersten deutschen Elektrizitätswerke vor Ort und leitete den Bau des damals größten Wasserkraftwerks der Welt am bayerischen Walchensee. Egal ob Wasserkraft, Stromerzeugung oder Rohstoffverarbeitung, ob Telekommunikation, Flugzeug- oder Raumfahrttechnik, sein Museum auf der Isarinsel erklärt alle technischen Errungenschaften mit Knopf und Hebel zum Anfassen und Ausprobieren. 1,3 Millionen Besuchern im Jahr gefällt das!

Heilige Munditia

Knöchern, mit glasigen Augen, im durchsichtigen Gewand und reich geschmückt liegt sie in ihrem gläsernen Sarg im Alten Peter, wie ein Schneewittchen, das vor langer Zeit am giftigen Apfel verendete. Allerdings wurde die heilige Munditia als frühchristliche Märtyrerin wohl „mit dem Beil enthauptet", worauf die Buchstabenkombination APC (lateinisch: *Ascia Plexa Capita*) auf ihrem Grab und ein Blutfläschchen als Grabbeigabe hinweisen. Im 17. Jahrhundert brachte ein reicher Kaufmann die Katakombenheilige gegen eine großzügige Spende von einer Pilgerreise aus Rom mit, verbrachte ihre knöchernen Überreste (lateinisch: *reliquiae*) nach Sankt Peter und setzte damit einen weiblichen Pilgerkult in Gang: Munditia zieht als Patronin der alleinstehenden Frauen und ledigen Mütter noch heute Damen aller Art an.

Kampf mit dem Basilisk

Laut mittelalterlichen Manuskripten wird der Basilisk von einer Schlange oder Kröte in einem dotterlosen Hühnerei ausgebrütet. Das Mischwesen mit dem Oberkörper eines Hahns und dem Unterleib einer Schlange kann nur vernichtet werden, indem ihm ein Spiegel vorgehalten wird, denn dann wendet sich der versteinernde Blick des Basilisken gegen ihn selbst. Meist symbolisieren Basilisken, bekannt auch aus der aktuellen Fantasyliteratur,

Wenn man in München auszieht, um das Fürchten zu lernen, kann man es sich natürlich leicht machen und eine der Geisterbahnen auf dem Oktoberfest besuchen. Im zweistöckigen „Geisterschloss" beispielsweise erscheinen einem schaurige Figuren und lebendige Gespenster – aber: Diese Geisterbahn wurde ursprünglich nach dem Krieg 1947 aus den Restbeständen einer Zuckerbäckerei erbaut und echtes Gruseln lernt man nicht in einer Bonbonfabrik. Da muss man schon andere Orte aufsuchen...

Tod und Teufel. An der Münchner Mariensäule ist der Basilisk Zeichen für die Pest, den Schwarzen Tod, wie die Seuche genannt wurde. 1635 raffte sie drei Viertel der Bevölkerung hinweg, bis sie endgültig besiegt war... durch einen engelsgleichen Heldenputto, wie die Bronzeskulptur glauben macht? Vermutlich nicht, sondern eher durch Hygienemaßnahmen, die das Ende der Rattenplage zur Folge hatten, deren Flöhe als Überträger galten.

Fußabdruck des Teufels

20 000 Menschen bot der Liebfrauendom Platz, als er 1494 offiziell eingeweiht wurde. Der Bau eines so mächtigen Gotteshauses bedurfte im Mittelalter der Zustimmung des Teufels. Um diesen gefügig zu machen, ging der Baumeister Jörg einen Pakt mit ihm ein. Er versprach, die Frauenkirche ganz ohne Fenster zu errichten, was den Teufel hoffen ließ, dass keine Gläubigen den düsteren Dom je besuchen würden. Doch weit gefehlt: Als die Pilger zuhauf in die Kirche strömten, fühlte sich der Teufel betrogen und kam

auf dem Wind geritten, um sich von der Einhaltung der Vereinbarung zu überzeugen. Im Eingangsbereich stehend – weiter drang er in das geweihte Bauwerk nicht vor – konnte er kein Fenster entdecken. Das Chorfenster selbst war durch einen mächtigen Hochaltar verdeckt. Voller Wut stampfte der Satan auf, hinterließ seinen Teufelstritt und verschwand. Sein Pferd vergaß er in der Eile und du spürst bis heute den teuflischen Wind rund um die Frauenkirche wehen.

Ich hatte Schuhgröße 43. Steckt der Teufel auch in dir?

Der Hauch des Todes

Ein riesiger, schwarz-grüner Lindwurm hatte sich im Mittelalter in der Stadt niedergelassen und hauchte seinen fauligen Todesatem durch die Gassen und Häuser. Damit, so hieß es, verbreitete er die Pest, den Schwarzen Tod, in München, wo bereits Tausende an der Epidemie gestorben waren. Um Schlimmeres zu vermeiden, versammelten sich ein paar mutige Bürger am heutigen Marienplatz, wo sich der Drache niedergelassen hatte, und beschlossen, den Lindwurm mit Kanonen zu töten. Das Tier wurde erlegt, die Pest war gebannt, doch trauten sich die Münchner nicht auf die Straße, bis die ausgelassenen Schäffler aus der Zunft der Fassmacher sie mit ihrem Tanz aus den Häusern lockten. Am bereits 1432 urkundlich erwähnten Wurmeck, heute am Neuen Rathaus, haucht dir der Lindwurm noch jetzt seinen Drachenatem zu.

Hol dich der Henker

Der sogenannte Scharfrichter galt als gesellschaftlicher Außenseiter. Sein Haus war das letzte innerhalb der Stadtmauer, nahe dem Sendlinger Tor. Seine Tätigkeit übte der Henker lange Zeit am Galgenbergl in der Nähe der heutigen Hackerbrücke aus. Der letzte staatlich bestellte bayerische Scharfrichter, ein gelernter Metzger, starb 1972. Er übernahm das Amt 1924 von seinem Onkel und wurde mit 150 Goldmark pro Hinrichtung, zehn Mark Tagesspesen und einer kostenlosen Eisenbahnfahrkarte dritter Klasse bei Hinrichtungen außerhalb Münchens bezahlt. Insgesamt vollstreckte er vor allem während der Zeit des Nationalsozialismus knapp dreitausend Todesurteile mit der Guillotine und rund sechzig mit dem Galgen. Die schauderhaftesten Geschichten schreibt eben das wahre Leben! Übrigens: Wenn du unter dem Tor des Alten Rathauses hindurchgehst, vergiss nicht, dass sich hier einst das Stadtgefängnis und bis zur Abschaffung der Folter um 1800 wohl auch die Folterkammern befanden.

Nachts auf dem Friedhof

Das ist für echte Gruselfans in München leider kaum möglich. Auf dem Alten Nordfriedhof, der schon lange nicht mehr als Grablege dient, kann man aber tagsüber ruhige Liegewiesen finden und zumindest bis zum frühen Abend um die Gräber schleichen. Noch schöner ist es allerdings bei Sonne auf dem Südfriedhof, der als Pestfriedhof im 16. Jahrhundert zur allgemeinen Begräbnisstätte der Stadt wurde.

Vor allem im 19. Jahrhundert wurden hier kunstvolle Gräber für die Münchner Prominenz errichtet. Hier wird der Friedhofsbesuch zu einem Spaziergang durch die Zeitgeschichte, vorbei am Grab der Brauer-Ikone Joseph Pschorr, des biedermeierlichen Malers Carl Spitzweg, des Gründers der Firma für Senf & Feinkost Johann Conrad Develey oder der Schauspielerin, Hochstaplerin und Bankbesitzerin Adele Spitzeder. Sie alle geben sich hier nach Mitternacht ein Stelldichein...

Man nennt mich auch den *iugulus*, den Halsabschneider!

18 München-Memory

Denkt man an München, so fallen einem automatisch Namen ein, die untrennbar zusammengehören. Sie bilden ein Paar, so wie Ludwig II. und Sisi, Meister Eder und sein Pumuckl, Karl Valentin und Liesl Karlstadt, Weißwurst und Senf oder eben…

Ätsch!
Ich bin größer!

Stasi und Blasi

Der Münchner kann die Türme der Frauenkirche mit Namen ansprechen: Blasi, 98,57 Meter hoch, steht im Norden. Stasi im Süden ist nur 12 cm kleiner – etwa eine gotische Backsteinreihe. Leider hat sich der Baumeister hier verzählt. Als Hut tragen die Türme die „welschen Hauben", Vorläufer der bayerischen Zwiebeltürme, die sich wohl an der goldenen Kuppel des Felsendoms in Jerusalem orientierten.

Moosi und Daisy

Den exzentrischen Modeschöpfer Rudolf Mooshammer erkannte man an seiner auffallenden schwarzen Perücke und seinem Yorkshire Terrier namens Daisy. Zusammen mit seiner Mutter, die trotz ihres gehobenen Alters violett gefärbte Haare trug, führte er die Boutique Carnaval de Venise in der exklusiven Münchner Maximilianstraße 14. Diese betrat er nahezu täglich über einen roten Teppich, vorgefahren von seinem Chauffeur in einem seiner Rolls-Royce. Es war wohl ein Fehler, dass Moosi regelmäßig unbekannte junge Männer zur Unterhaltung in seinen teuren Wagen und nach Hause einlud. Am 14. Januar 2005 wurde er in seinem Haus erdrosselt.

Moos hamma scho, gell Daisy?

Renata und Wilhelm

Jeden Tag Hochzeit! Und jeden Tag nimmt das anlässlich des Festes veranstaltete Turnier im Rathaus-Glockenspiel am Marienplatz denselben Ausgang: Der bayerische Ritter siegt, der lothringische fällt. Doch das 1568 gefeierte Paar, Herzog Wilhelm V. und seine Frau Renata, blicken noch immer geduldig und huldvoll herab, inzwischen auf Touristen, die sich wie ehemals Tausende von Hochzeitsgästen auf dem Marienplatz tummeln. Die Fasanen, gebratenen Ochsen und mittelalterlichen Gaukler fehlen hier allerdings, geblieben sind wohl die Scharlatane und eventuell mal ein Taschendieb in der Menge.

Ich wette tausend Gulden, dass der weiß-blaue Ritter gewinnt!

„Es lebe die Freiheit!"

Hans und Sophie

Als Mitglieder der studentischen Widerstandsgruppe Weiße Rose kämpften Hans und Sophie Scholl während des Zweiten Weltkriegs in München gegen den Nationalsozialismus. Sie verbreiteten Flugblätter gegen den Krieg und für die Freiheit, gegen die Diktatur unter Adolf Hitler und für die Würde des Menschen. Beim Auslegen der Aufrufe in der Münchner Universität wurden sie 1943 verraten, nach kurzem Prozess im Münchner Justizpalast verurteilt und im Alter von 21 und 24 Jahren im Gefängnis Stadelheim hingerichtet. Noch nie habe er jemand so tapfer sterben sehen wie Sophie Scholl, berichtete der Scharfrichter, während ihr Bruder Hans, noch als er sein Haupt unter die Guillotine legte, laut hallend durch das große Gefängnis rief: „Es lebe die Freiheit!". Hans und Sophies „Aufruf an alle Deutschen!" verhallte nicht. Sie wurden zu Symbolfiguren für Mut und Widerstand, ihre Flugblätter liegen in Stein gemeißelt zum Gedenken vor dem Hauptgebäude der Ludwig-Maximilians-Universität.

Gabriele und Wassily

Er malte das wohl erste abstrakte Bild der Geschichte und gründete 1911 zusammen mit Franz Marc die Künstlergemeinschaft Der Blaue Reiter in München. Sie, Gabriele Münter, wurde seine Schülerin und Ge-

Blut- und Leberwurst

Pärchen gibt es auch auf bayerischen Tellern, so zum Beispiel Semmel- und Kartoffelknödel, Butter und Brezn oder eben Blut- und Leberwurst: Wenn am Montag Schlachttag ist, gibt's am Dienstag und Mittwoch beim Metzger Blutwurst. Das Blut muss frisch sein und, um die Gerinnung zu vermeiden, fünfzehn Minuten gerührt werden. Dann kommt der fette Speck hinzu, der bevorzugt oben schwimmt, und daher bei den meisten fertigen Blutwürsten ungleichmäßig an den beiden Enden verteilt ist. Grundlage der Tellerpartnerin ist natürlich die schlachtfrische Leber im Naturdarm.

„Blut ist ein ganz besonderer Saft!"

liebte. Während der Russe Wassily Kandinsky aufgrund des Ersten Weltkriegs erst München und dann wegen einer anderen Liebe Gabriele verließ, rettete sie seine Werke über die Zeit und die Kriege. Zurück bekam er die wertvollen Gemälde allerdings nie. Es war wohl der Ausgleich für die Enttäuschung, dass sie erst nach langem Schweigen von seiner neuen Beziehung im Ausland erfahren hatte. Mit achtzig Jahren schließlich schenkte Gabriele Münter die wertvollen abstrakten Werke der Stadt München und begründete damit den Weltruhm eines Museums, des Lenbachhauses.

Die Bilder bekomme ich!

19 Die Wiege des nationalsozialistischen Ungeheuers

1913 kam Adolf Hitler als gescheiterter Kunststudent nach München. 1914 stand er vor der Feldherrnhalle und wurde als begeisterter Soldat in die Schlachten des Ersten Weltkriegs verabschiedet. Wie so viele kehrte er verletzt und arbeitslos in eine von Inflation und Ernüchterung geprägte Stadt zurück und wurde bald vom Spitzel zum Star der neu gegründeten Nationalsozialistischen Deutschen Arbeiterpartei (NSDAP). Großindustrielle und Verleger unterstützten schon sehr früh seine „Bewegung", finanzierten seine Partei und seine Propaganda und verhalfen Hitler so zur Machtübernahme im Jahr 1933. Es folgten vergleichsweise kurze zwölf Jahre Münchner Geschichte, die die Stadt allerdings so sehr prägten als hätte es sich doch um das propagierte Tausendjährige Reich gehandelt – kaum ein prominenter Ort, kaum eine bekannte Sehenswürdigkeit, kaum ein wichtiger Name, der nicht in irgendeiner Weise – ob pro oder contra – mit dem verbrecherischen Regime in Verbindung gebracht werden kann.

Marsch auf die Feldherrnhalle

Rund 2000 Anhänger folgten Adolf Hitler, als er am 9. November 1923 vom Bürgerbräukeller am Rosenheimer Platz losmarschierte. Der Versuch, die politische Macht durch einen Putsch an sich zu reißen, endete an der Feldherrnhalle, wo die Landespolizei das Feuer auf den Zug eröffnete und 15 Anhänger Hitlers sowie ein Kellner des gegenüberliegenden Cafés starben. Hitler selbst, zunächst an den Staffelsee geflohen, wurde bald verhaftet und zu einer geringen Gefängnisstrafe verurteilt. Während der kurzen Festungshaft in Landsberg schrieb er die ersten Kapitel seines Buches *Mein Kampf*. Nach seiner Ernennung zum Reichskanzler und der undemokratischen Machtübernahme 1933 wurde am Rathaus die Hakenkreuzfahne gehisst und an der Feldherrnhalle Kränze zu Ehren der beim Putsch umgekommenen sogenannten „Märtyrer der Bewegung" niedergelegt. Die Aufschrift lautete: „Und ihr habt doch gesiegt."

Drückebergergasserl

Bald wurde die Feldherrnhalle ein Zentrum für den pseudoreligiösen Kult um den Nationalsozialismus und der Hitlergruß beim Vorbeigehen Pflicht, kontrolliert von zwei ständigen Wachen der SS. Auch wenn ihm die Massen folgten, so gab es doch auch den wenig offensichtlichen, wenig mutigen Protest gegen Hitler – Menschen, die den rechten Arm nicht zum Gruß ausstrecken wollten und daher den Weg rückseitig der Feldherrnhalle durch die Viscardigasse nahmen. Im Volksmund wird sie bis heute Drückebergergasserl genannt und künstlerisch verlegte bronze Pflastersteine, die zunehmend von Schuhen golden poliert glänzen, weisen auf diesen kleinen Schlenker des passiven Widerstands hin.

Ich bin der goldene Weg des Widerstands.

NS-Forum am „Königlichen Platz"

Die 16 „Blutzeugen" des Hitlerputsches wurden 1935 in eigens errichtete „Ehrentempel" umgebettet. Diese waren an dem unter Ludwig I. erbauten Königsplatz errichtet worden, der in den 1930er-Jahren sein griechisches Gesicht veränderte. In unmittelbarer Nähe zum NS-Parteizentrum, dem „Braunen Haus", entstanden faschistische Verwaltungsbauten. Auf der einen Seite sortierte der Reichsschatzmeister mit seinen Angestellten unter anderem die am Ende des Krieges rund zehn Millionen Karteikarten der NSDAP-Mitglieder, auf der anderen Seite erfüllte der „Führerbau" mit Kamin- und Arbeitszimmern für Führer und Stellvertreter repräsentative Aufgaben. Hier wurde 1938 das Münchner Abkommen von den Staatschefs Italiens, Frankreichs und Großbritanniens unterzeichnet. Einstimmig wurde die Übergabe eines Teils der damaligen Tschechoslowakei an Deutschland beschlossen. Damit hoffte man die Kriegspläne Hitlers zu befrieden. Auf dem mit Granitplatten ausgelegten Platz marschierten jährlich Soldaten zum Jahrestag des Hitlerputsches auf. Bald zogen sie in den Krieg.

Haus der (Deutschen) Kunst

Neue Maßstäbe sollte der Architekt Paul Ludwig Troost setzen: Nicht zuletzt sein Haus der Deutschen Kunst mit den *Großen Deutschen Kunstausstellungen* sollte München zur Kunsthauptstadt erheben. Geldgeber aus der Wirtschaft, mit Namen wie Krupp und Siemens, finanzierten den „Lieblingswunsch des Führers". Die ausgestellten Werke präsentierten augenfällig das damalige Ideal von arischer Überlegenheit, Naturromantik und Wehrhaftigkeit. Ausgewählt wurden sie vom Präsidenten der Reichskammer der bildenden Künste Adolf Ziegler, der wegen seiner züchtigen Aktbilder auch spöttisch „Meister des deutschen Schamhaars" genannt wurde. Bieder und rückwärtsgewandt war der Kunstgeschmack der Zeit. Er richtete sich gegen die künstlerische Moderne, deren Vertreter in der von München ausgehenden Ausstellung *Entartete Kunst* öffentlich lächerlich gemacht wurden. Ihre Werke wurden aus Museen und Sammlungen entfernt und man hoffte, sie damit dem Vergessen preiszugeben. Der staatlich verordnete, schlechte Geschmack führte zum endgültigen Kulturverfall.

Man behauptete, bei meiner Darstellung der fünf Sinne fehle der Geschmack – dabei wollte ich doch die vier Elemente malen.

Auf mir brannten Bücher und marschierten Soldaten.

Zerstörung und Wiederaufbau

Am Ende des Krieges war München zu fünfzig Prozent zerstört, Teile der Innenstadt zu neunzig Prozent. Über 3,5 Millionen Brandbomben hatten eine Stadt in Trümmern hinterlassen. Die Bilanz spricht von über 20 000 Kriegsgefallenen, rund 6600 Bombentoten, über 15 000 Verletzten und etwa 300 000 Obdachlosen. Von ehemals 9000 Mitgliedern der jüdischen Gemeinde lebten noch knapp neunzig. Allein im nahegelegenen Konzentrationslager Dachau waren weit über 30 000 Menschen ermordet worden. Das Bild war ernüchternd, dennoch begannen nicht zuletzt die Trümmerfrauen damit, rund zwölf Millionen Tonnen Schutt zu beseitigen und im großen Stil aufzuräumen. Man diskutierte Form und Vorgehen des Wiederaufbaus der Stadt. Selbst die Idee, ein neues München am Starnberger See zu errichten, wurde diskutiert. Doch dann begann unter größten Anstrengungen ein wahrhafter Wiederaufbau der historischen Gebäude und das vertraute Gesicht der Stadt wurde Stein für Stein fast so wiederhergestellt, wie es einst war.

Rückführung zur Demokratie

Am 30. April marschierten die ersten Amerikaner in München ein und übernahmen die Militärregierung in der süddeutschen Besatzungszone. Ziel war die Rückführung zur Demokratie mit einer neuen bayerischen Verfassung, freien Wahlen und einer freien, kritischen Presse. Symbolträchtig wurde der Bleisatz von Hitlers Buch *Mein Kampf* in die Druckplat-

Im Geleitwort:
„Die Süddeutsche Zeitung ist durch keine Zensur gefesselt, durch keinen Gewissenszwang geknebelt ..."

ten der ersten Ausgabe der liberalen *Süddeutschen Zeitung* umgeschmolzen. Im ehemaligen Haus der Deutschen Kunst entstand ein Offiziersclub für die US-Amerikaner. Die Adresse, Prinzregentenstraße 1, war für sie kaum auszusprechen. Der Stützpunkt wurde einfach das P-One, P1, genannt – heute die Promidisco der Stadt. Das Amerikahaus als Kultureinrichtung fand zunächst Platz im ehemaligen „Führerbau", wo heute die Musikhochschule ihren Sitz hat: Exorzismus durch Musik, Kultur und Bildung ist seitdem das Motto im ehemaligen Kaminzimmer des Führers.

Tipp: An der Stelle der ehemaligen Parteizentrale, des „Braunen Hauses", entstand 2008 ein Neubau, der dem NS-Dokumentationszentrum Raum gibt und als Lern- und Erinnerungsort zur Geschichte des Nationalsozialismus weitreichende Einblicke bietet. Das Fundament einer der Ehrentempel wurde als Mahnmal weitgehend freigelegt. Über das andere wächst Gras – Zeichen für zwei unterschiedliche Wege im Umgang mit Geschichte?

20 Total unterirdisch

Jede Stadt hat auch ein Leben und ein System unter der Erde. Dieses bewohnen nicht nur die weithin sichtbaren Mäuse im U-Bahn-Schacht oder die selteneren Kanalratten. Tunnel und Kanäle dienen vor allem dem Transport von Menschen und Wasser. Kellersysteme in den Isarhängen wurden zur Lagerung von Bier benötigt, bevor maschinelle Kühlsysteme auf den Markt kamen, Bunker und selbst tief gelegene Kanalbauten dienten den Stadtbewohnern in Kriegstagen zum Schutz vor Luftangriffen. Ein Blick unter die Erde lässt nicht nur Archäologen staunen.

Verstopft das System, entwickeln sich gefährliche Gase. Dann ist „die Kacke am Dampfen."

Ab in den Kanal

Immer muss erst etwas Schlimmes passieren, bevor der Mensch aktiv wird. 1854 starb Königin Therese von Bayern in München an Cholera. Bereits zuvor hatte der Forscher und Chemiker Max Pettenkofer den König mehrfach darauf hingewiesen, dass den wiederholt auftretenden Seuchen mit in diesem Fall 9000 Todesopfern in der wachsenden Stadt nur durch bessere Hygiene, eine funktionierende Wasserversorgung und eine Kanalisation begegnet werden könne. Nun endlich stimmte der König einem Kanalbau zu. Um 1862 wurde mit dem Ausbau begonnen, 1890 das erste Klosett mit Wasserspülung installiert und bald verschwanden die Fäkalien aus dem Rinnstein in einem unterirdischen Kanalsystem. Innerhalb von 25 Jahren sank die Sterblichkeitsrate um 25 Prozent. Heute umfasst das Abwassersystem der Stadt etwa 2500 Kilometer.

Durch knapp 80 000 Gullideckel geht es in die Unterwelt, wo täglich rund 125 Liter Abwasser pro Person sowie Regen und Schmelzwasser in die Kläranlage transportiert werden. Etwa sechs Meter unter der Erde geht es also mit Flüssigem und Feststoffen dahin, immer im Fluss …

Der Eingang ins Kanalmuseum befindet sich in der Akademiestraße. Zutritt ist hier vor allem für die Mitarbeiter der Stadtwerke – ohnehin nichts für feine Näschen! Zu sehen wären Abwasserkanäle und auch die riesigen Regenrückhaltebecken, deren Zwischenspeicher fast so groß wie drei Fußballfelder sind. Einen steigenden Pegel im Kanal kann man übrigens nicht nur bei Starkregen, sondern auch in der Halbzeitpause eines WM-Endspiels mit deutscher Beteiligung beobachten – Zeit aufs Klo zu gehen!

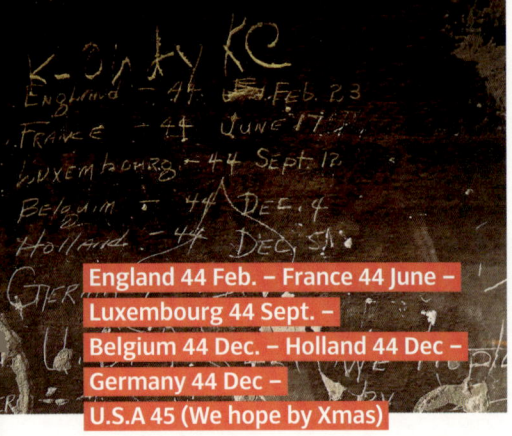

England 44 Feb. – France 44 June –
Luxembourg 44 Sept. –
Belgium 44 Dec. – Holland 44 Dec –
Germany 44 Dec –
U.S.A 45 (We hope by Xmas)

Zur Versorgung und Sicherheit der Parteigrößen

Als der Aufstieg der Nationalsozialisten von München aus begann, ließ Hitler eindrucksvolle Repräsentationsbauten für sich und seine engsten Mitarbeiter in der Maxvorstadt errichten. Die Parteigrößen empfingen ihre Gäste in Herrenzimmer, Salon und Wandelhalle, ausgestattet mit modernster Technik. Der Anschluss an ein eigenes Heizkraftwerk, Klimaanlagen sowie Rohre und Gänge zur Versorgung waren unterirdisch angelegt und verbinden die Gebäude teils bis heute. Schwere Türen im Untergrund verweisen auf Weinkeller und Kühlkammern für Speisen, ein Luftschutzbunker mit 2,5 Meter dicker Eisenbetondecke wurde vorausschauend errichtet: Das Ziel der Parteipolitik wurde hier bereits deutlich.

Später lagerten in den unterirdischen Kellern Meisterwerke der Kunstgeschichte, die aus jüdischem Besitz enteignet oder von den Nationalsozialisten im Krieg beschlagnahmt oder besser geraubt worden waren. Die Vertreter der amerikanischen Besatzungsmacht schufen hier nach 1945 einen *Collecting Point*, ein Forschungszentrum zur Rückführung von Raub- und Beutekunst an die ehemaligen Besitzer. Nun wehte wieder ein demokratischer Wind im Untergrund am Königsplatz. Emotionale Graffitis und Notizen an den Wänden der Kellergänge zeugen von der Hoffnung der Amerikaner auf Heimkehr nach einem schrecklichen Krieg.

Untertage

Ein Bergwerk mitten in München, im Untergrund der ehemaligen Kohleinsel? Tatsächlich gibt es das – es ist sogar für jedermann zugänglich, nicht nur für Grubenarbeiter. Übrigens sind die gesamten Gruben und Stollenwände aus Gips und Teil eines Schaubergwerks, das seit 1925 im Keller des Deutschen Museum in einem 400-Meter-Rundgang die Förderung von Kohle, Salz und Erzen demonstriert. Diese Rohstoffe bildeten quasi die Grundlage der Industrialisierung im 19. Jahrhundert und damit zu Recht das Fundament desjenigen Museums, das sich als größtes seiner Art ganz der seitherigen technischen Entwicklung widmet.

Kohleinsel hieß die Insel, auf der das Deutsche Museum beheimatet ist, nur, weil dort einst Kohle angeliefert wurde und statt auf stabilen Stollen steht der Bau mit seinen über 70 000 Quadratmetern Ausstellungsfläche auf rund 1500 Pfeilern, die ihn über dem wenig stabilen, feuchten Untergrund tragen. Statt eines Grubenunglücks droht hier – wenn überhaupt – wohl eher eine Überschwemmung.

Untergrundbahn

1902 ging die U-Bahn in Berlin in Betrieb, 1912 in Hamburg – erst 1971 in München. Der bereits geplante Bau wurde durch die Vergabe der Olympischen Sommerspiele beschleunigt. Bis zur Eröffnung musste die Verbindung zu den Spielstätten stehen und schon am 19. Oktober 1971 war der zwölf Kilometer lange Tunnel zwischen Goetheplatz und Kieferngarten bereit für die erste U-Bahn-Linie, die U6. Heute sind die einzelnen Stationen teils Vorzeige-projekte von Untergrundarchitekten wie einst Alexander von Branca, der den orangefarbenen Marienplatz gestaltete, und Lichtdesignern wie Ingo Maurer, der die Haltestelle Westfriedhof ausleuchtete. Immerhin verbringen jährlich rund vierhundert Millionen Fahrgäste ihre Zeit auf über hundert Kilometern Streckenlänge unter der Erde.

21 So ein Verkehr!

Eingriff in die Verkehrspolitik des Mittelalters – so könnte man die Voraus-setzungen zur Stadtgründung Münchens zusammenfassen. 1158 wird München erstmals urkundlich erwähnt und das im Zusammenhang mit der ersten wichtigen Straße vor Ort, der Salzstraße, die über die kleine mönchische Siedlung an der Isar verlegt wurde. Viele weitere Straßen folgten und neben Ochsenkarren kamen bald Kutschen, öffentliche Verkehrsmittel und immer mehr Autos hinzu. Der Stachus blieb bis 1950 der verkehrsreichste Platz Deutschlands und Verkehrspolitik seit dem Stadtgründer Heinrich dem Löwen ein zentrales Thema.

Halt! Haben Sie etwas zu verzollen?

Die Salzstraße

Schwere Ochsenkarren transportierten das wertvolle Salz aus den bayerischen Bergen über die Salzstraße gen Norden. Gut, dass es bereits eine Brücke über den reißenden Fluss Isar gab. Diese lag bei Unterföhring, nördlich von München, wo der Bischof von Freising von jedem Fuhrwerk einen Silbertaler als Zoll verlangte. 1158 ging diese Brücke in Flammen auf: Herzog Heinrich der Löwe, Herrscher über das Gebiet bei Munichen, hatte nämlich eine neue Brücke errichtet und lenkte den gewinnbringenden Salzhandel durch den Verlust der Brücke im Norden erfolgreich um. Salz war damals so wertvoll wie Gold, und so kam mit dem Salz auch Geld nach München. Die Markt-, Münz- und Zollrechte wurden der wachsenden Siedlung von Kaiser Friedrich Barbarossa übertragen. Und der Bischof von Freising? Er wurde immerhin mit einem Drittel der Einnahmen abgefunden.

In meinem Todesjahr rollte das erste Automobil von Benz über deutsche Straßen. Wäre ich doch nicht so früh gestorben ...

Die Mähre im Stall

Über die Jahrhunderte entwickelten sich auch die Fortbewegungsmittel. Aus Ochsenfuhrwerken wurden Pferdekarren, bald Kutschen und noch von Pferden gezogene Coupés, offene Kabrioletts und wackelige Chaisen. Die Entwicklung der edlen unter diesen Gefährten kann man im Nymphenburger Marstallmuseum studieren, wo nicht nur kaiserliche Krönungswagen und königliche Prachtkutschen ausgestellt sind, sondern auch jener Schlitten König Ludwigs II., bei dem es sich vielleicht um das erste elektrisch beleuchtete Fahrzeug der Welt handelt. Seine gläserne Krone war mit einer frühen Form einer Glühbirne ausgestattet, wobei eine Batterie, im Sitzkasten untergebracht, die Lampe speiste. Diese leuchtete dem König bei seinen nächtlichen Schlittenfahrten im bayerischen Umland den Weg. Märchenhaft!

Das Auto in der Garage

Wer wissen will, wie es weiterging mit Schienen- und Straßenverkehr studiert die Ausstellungsstücke des Verkehrszentrums auf der Schwanthalerhöhe. Hier steht das erste Benz-Automobil neben dem Formel-1-Wagen, die Dampflok neben dem ICE, frühe Fahrräder und Hochräder, für die man einst keinen Helm, aber einen Führerschein brauchte, neben mobilen Sportgeräten wie Schlittschuhen und Rollschuhen – bei 12 000 Quadratmetern Ausstellungsfläche bleibt man in Bewegung!

Trambahn, nicht nur Linie 8

Die Straßenbahn, im Münchner Sprachgebrauch nur Tram genannt, nahm 1895 ihren Betrieb auf. Zuvor hatte ein Lohnkutscher ein privates, mit Pferden betriebenes Omnibusnetz installiert, das bald auf Schienen verlagert und schließlich von der Stadt übernommen wurde. Nicht lange, dann konnten die Tiere durch elektrische Triebwagen ersetzt werden. Zu Berühmtheit gelangte vor allem die Linie 8, deren Fahrgäste der Volkssänger Weiß Ferdl liebevoll besang. Die Linie 8 fährt heute allerdings nicht mehr „ratternd durch die Stadt". Sie wurde durch die unterirdische U8 ersetzt, aber die Linie 19 zum Max-Weber-Platz, die gibt es noch und sie führt zum Preis eines normalen Tickets an zahlreichen Attraktionen Münchens vorbei. Sightseeing geht also auch charmant und ohne platte Füße.

Das Automobil

1888 präsentierte die 1. Kraft- und Arbeitsmaschinenausstellung in München einen Motorwagen der Firma Benz & Cie. und bereits 1899 wurde hier die weltweit erste Fahrprüfung abgehalten – Beginn eines neuen Zeitalters! Immerhin rollten zehn Jahre später schon über 1300 Autos durch die Stadt; zur Verkehrsregelung reichten damals fünf Verkehrspolizisten aus. 1927 wurde zur personellen Entlastung das erste Lichtverkehrszeichen am Hauptbahnhof installiert: „Erscheint vor dir die Farbe Rot, dann wirst du von Ge-

Münchner Marienplatz

fahr bedroht", wurde den Münchnern diese Ampel erklärt. Und natürlich setzte die „Hauptstadt der Bewegung" in Sachen Mobilität ab 1930 vieles in Gang. Der Reichsautobahnbau startete und führte bald bis nach Stuttgart. Die verkehrsgerechte Stadt blieb auch nach 1945 ein Thema, historische Bauten mussten dem Altstadtring weichen und die Autos rollten und parkten selbst auf dem Marienplatz.

Ich bin eine Trambahnschienen-
ritzenreinigungsdame.
So läuft's wie geschmiert!

Laut Legende sah ein Techniker zwischen dem silberweiß rotierenden Propeller eines Flugzeugs den blauen Bayernhimmel – Logo fertig!

Bayerische Motoren Werke

Das Logo in den umgekehrten Landesfarben, Blau und Weiß, wurde als Hinweis auf die Ursprünge des Unternehmens bald kultiviert: Mit Flugmotoren hatten die Bayerischen Motoren Werke, kurz BMW, ihre Karriere gestartet und sich bald mit Motorrädern und Automobilbau einen Namen gemacht. Ihre Konzernzentrale liegt direkt am Olympiapark, dem ehemaligen Oberwiesenfeld, Ort des ersten Münchner Flughafens. Und nicht nur das Logo, auch die Architektur ist symbolisch. Die Mitarbeiter sitzen seit 1972 in einem Bau, der einem Vierzylinder-Motor nachempfunden ist, an dessen Fuß in einer überdimensional anmutenden Ölwanne das BMW-Museum die Geschichte des Unternehmens und seine Produkte präsentiert. Im Hintergrund, in Fabrik- und Fertigungshallen, Presswerk und Lackiererei werden zum Teil jene Autos gefertigt, die dann zu Tausenden in der seit 2007 vorgelagerten BMW Welt an glückliche Besitzer übergeben werden. Hier wird werbewirksam die Hochzeit von Mensch und Maschine gefeiert, in einer Architektur, die wie ein Tornadowirbel durch die Autocity fegt. Jedes Jahr kommen rund drei Millionen Besucher, was bedeutet: Autos aus Bayern sind die beliebteste Sehenswürdigkeit des Südens.

Nummer 32168 – Skandal-Verkehr

Beim Stichwort Verkehr denkt so mancher vielleicht an ganz andere Lebensbereiche. Doch diese Art von rhythmischer Bewegung ist zumindest gegen Bezahlung im Münchner Stadtzentrum, dem sogenannten Sperrbezirk, nicht zugelassen. Eine verschärfte Verordnung dazu wurde bereits im Rahmen der Olympischen Spiele 1972 erlassen. Seither müssen alle Rosis und Kolleginnen „draußen vor der großen Stadt" ihr Geld verdienen. Über das Verschwinden der Freudenhäuser sang damals schon die Spider Murphy Gang in ihrem Lied *Skandal im Sperrbezirk*. Die Telefonnummer der darin besungenen legendären Rosi, 32168, ist bis heute in München nicht vergeben.

Auch beim Alternativsport steh ich mir die Füße platt.

22 München kann Kunst

5000 Jahre Kunstgeschichte – im Münchner Kunstareal in der Maxvorstadt ist das nicht mehr als ein Spaziergang! Wenige Minuten trennt das alte Ägypten der Pharaonen von der griechischen Antike mit ihren Helden und Göttern, du kannst vom üppigen barocken Stillleben speisen und anschließend die Blumen des Impressionismus pflücken – einmal umgedreht und schon stehst du in der schnelllebigen, futuristischen Moderne: wie in einer Zeitmaschine – mitreißend für Mitreisende!

„Werke ausgezeichneter Schönheit will ich erwerben."

Volksbildung

König Ludwig I. begründete die Alte und die Neue Pinakothek – Erstere als eines der frühen öffentlichen Museen in Deutschland, Letztere als Museum für damals zeitgenössische Kunst. Unter seiner Regierung wurde München zur weithin beachteten Kunstmetropole und Kunst sollte seiner Meinung nach der Volksbildung dienen. Also schau unbedingt mal rein, in seine Theken, also Behältnisse für Gemaltes!

Alte Pinakothek

Eines der größten Kampfspektakel der Geschichte wird in der Alten Pinakothek Münchens in einem frühen Wimmelbild des 16. Jahrhunderts eindrucksvoll wiedergegeben. 4000 Griechen stehen unter der Führung Alexanders des Großen rund 100 000 Persern unter König Darius gegenüber – nicht alle passten auf das Gemälde von Albrecht Altdorfer, doch die Heerführer im Kampf zwischen Orient und Okzident, Ost und West, symboli-

„Wir müssen auch in München haben, was zu Rom *museo* heißt."

siert durch Sonne und Mond, kann man bei genauer Betrachtung gut erkennen. Nach der Plünderung Münchens durch französische Revolutionstruppen kam das Bild ins Badezimmer des begeisterten Napoleon – und nach dessen endgültiger Niederlage 1815 wieder zurück in die Alte Pinakothek. Hier hängt das Schlachtenbild – neben 700 weiteren Gemälden der mehrere Tausend Werke umfassenden Sammlung des 13. bis 18. Jahrhunderts – in einem der 19 Säle und 47 Kabinette. Unweit findest du ein weiteres Meisterwerk, das Selbstporträt Albrecht Dürers im Pelzrock. Der Maler zeigt sich dort wie ein Fürst oder sogar wie Christus persönlich – Zeichen für seine Überzeugung, dass er als Künstler – von Gott befähigt – auch ein großer Schöpfer sei.

333 bei Issos Keilerei! Sieger: Alexander der Große, 20 Jahre, Weltherrscher

Neue Pinakothek

Flower Power – Mit seinen gemalten Sonnenblumen wollte Vincent van Gogh sein gelbes Haus in Arles, Frankreich, schmücken, um seinen Künstlerfreund Paul Gauguin zu empfangen. Doch schon nach zwei Monaten kam es zum Streit zwischen den beiden. Van Gogh, so wird behauptet, schnitt sich in der Hitze des Gefechts das Ohr ab. Oder war doch der Freund Gauguin der Täter? Recherchiere in der Neuen Pinakothek! Hier hängen Hunderte weitere Meisterwerke des 19. Jahrhunderts, eine Zeit, in der sich die Welt im Wandel befand. Neue Techniken, politische Revolutionen, soziale Veränderungen – da Kunst auf ihr Umfeld reagiert, war diese Epoche auch künstlerisch schnelllebig und abwechslungsreich. Ein Rundgang führt von Klassizismus und Romantik über Realismus und Symbolismus zu van Goghs Sonnenblumen und Monets Seerosen des Impressionismus. Pflücke ein paar Eindrücke!

Meldung der Tagespresse, 30. Dezember 1888: „Letzten Sonntag um 23.30 Uhr erschien eine gewisser Vincent Vangogh ... im Bordell Nr. 1, verlangte nach einer gewissen Rachel und hat ihr – sein Ohr gegeben, indem er sagte: Bewahren Sie diesen Gegenstand sorgfältig auf."

Was machen diese blauen Pferde in meinem Haus?

Lenbachhaus

Im Grabe würde er sich umdrehen, wüsste Franz von Lenbach, welche Kunstwerke heute in seiner hübschen, italienisch anmutenden Villa an der damaligen Stadtgrenze Hunderttausende begeisterte Besucher anziehen. Der Malerfürst, Ende des 19. Jahrhunderts Präsident der eher traditionell ausgerichteten Künstlergenossenschaft, konnte mit den jungen, modernen Malern seiner Umgebung nichts anfangen. Diese spalteten sich nach heftigen Auseinandersetzungen ab, begründeten die Münchner Secession und bald, zumindest einige von ihnen, die Künstlergruppe Blauer Reiter. Fortan malten Wassily Kandinsky, August Macke oder Franz Marc blaue Pferde, rote Rehe, Tiger aus geometrischen Formen und irgendwann nur noch „Symphonien" aus bunten Kreisen und Kuben. Ein funkelndes Schatzkästlein in Form eines goldenen Anbaus an die historische Lenbachvilla präsentiert heute die Meisterwerke des Abstrakten Expressionismus.

Weniger ist mehr – Nicht nur bei gutem Design.

Pinakothek der Moderne

Welches Handy hast du? Auf welchem Stuhl sitzt du? Welches Auto fährst du? Die Gestaltung des Alltags – das ist Design! Und in einer Gesellschaft, die sich fast alles leisten kann, wird das Design der schönen Dinge immer wichtiger. 50 000 gut gestaltete Gegenstände umfasst Die Neue Sammlung – The Design Museum in der Pinakothek der Moderne. Aber vergiss bei der Auswahl deines Lieblingsstücks nicht eine der berühmten Regeln modernen Designs: *less is more*, weniger ist mehr.

Außer Designgegenständen sind auch die Sammlungen zu Architektur, Grafik und Moderner Kunst des 20. Jahrhunderts in diesem beeindruckenden Museumsbau rund um eine gewaltige Glasrotunde ausgestellt. Beim Betreten wirkt das Museum wie eine Kathedrale des Lichts, wobei Kunst und Kirche oft nicht weit auseinanderliegen. Beide werden von den jeweiligen Besuchern angebetet und sonntags ist am meisten los. In den Pinakotheken liegt das auch an dem dann günstigen Eintritt von nur einem Euro.

Museum Brandhorst

Anette Brandhorst, zusammen mit ihrem Mann Udo Begründerin dieser Sammlung, war Enkelin des Chemikers und Industriellen Hugo Henkel. Er gilt als Erfinder des Waschmittels Persil. Gut, dass sich Anette nicht nur für Weiß- und Buntwäsche interessierte, sondern sagenhafte Werke zeitgenössischer Kunst zusammentrug, die heute hinter der leuchtenden Museumsfassade aus farbigen Keramikstäbchen bewundert werden kann.

Dort findest du unter anderem bunte Bilder der Pop-Art. Jung, witzig, sexy und werbewirksam – so waren die Meisterwerke der schönen neuen Welt der 1950er- und

Mir flimmert vor den Augen!

1960er-Jahre: Suppendosen, Bananen, Comicszenen und Stars in Neonfarben. Wer kennt sie nicht? Einige der poppigen Meisterwerke schuf der berühmteste Künstler der Pop-Art, Andy Warhol. Dabei nutzte er Mittel des Siebdrucks oder tröpfelte auch mal gelbe Körperflüssigkeit auf eine mit Kupfer grundierte Leinwand. Die Metallfarbe reagierte – fertig war die „Malerei". Er „schafft wunderschöne Gemälde aus einer Flüssigkeit, die wir anderen im Klo runterspülen", so sein Assistent zu jenem *pissed painting*. Schönheit liegt eben nicht immer da, wo man sie vermutet! Überzeuge dich in der Sammlung Brandhorst.

Sammlung Schack

Alle, die sich für Fantasy-Gemälde des 19. Jahrhunderts interessieren, sollten die Sammlung Schack in der Prinzregentenstraße 9 besuchen. Wie im Wald vom Herrn der Ringe treiben sich hier Sagengestalten durch die alten Räume. Ob König Krokus die Waldnymphe trifft, der Berggeist Rübezahl durch das Riesengebirge streift oder des Erlkönigs Töchter so spät in Nacht und Wind des Vaters Kind töten, hier wird dir märchenhafter Schauder auf bemalter Leinwand vorgeführt.

Das nächste Mal soll das ein Mitarbeiter aus meiner Bilderfabrik machen.

München ist heute eine der größten Verlagsstädte der Welt und spätestens seit dem 19. Jahrhundert haben zahlreiche Autoren über und in München geschrieben. Als literarischer Spurensucher bewegt man sich dabei vor allem in Schwabing, das, wie die Gräfin Franziska von Reventlow einst formulierte, um 1900 „kein Ort, sondern ein Zustand" gewesen sei

„Tu was du willst ..." – Michael Ende

Er erfand die Insel mit zwei Bergen und den Laden von Frau Waas, das kleine Land, in dem Jim Knopf lebte, und natürlich *Momo* und *Die unendliche Geschichte* mit dem heldenhaften Grünhäuter Atréju, Bastian Balthasar Bux und der kindlichen Kaiserin – sie alle sind Helden im Kampf gegen die moderne Welt, in der Fantasie und Menschlichkeit verschwinden oder gar durch das Nichts bedroht werden. In Anlehnung an dieses Buch, das von der Rettung der Parallelwelt Phantásien handelt, ist auch Endes Grab auf dem Waldfriedhof gestaltet. Aus ihm treten die Figuren seiner Werke in Bronze gegossen hervor, so auch Meister Horas Schildkröte aus *Momo*, die eine halbe Stunde in die Zukunft blicken kann und doch nicht zu sagen vermag, was passieren wird. Sie drückt sich durch Schrift aus, die auf ihrem Panzer erscheint: „Habe keine Angst", heißt es da zu Endes letztem Weg in ein neues Dasein.

„Das Leben ist immer lebensgefährlich ..." – Erich Kästner

Emil und die Detektive, Das fliegende Klassenzimmer, Pünktchen und Anton ... all diese Kinderbücher hatte Erich Kästner bereits in Berlin geschrieben, bevor er nach dem Zweiten Weltkrieg nach München kam. Hier traf man ihn meist

*und wo, so ihr Dichterkollege Stefan George, „noch die Geister wandern".
Die meisten dieser großen Geister schrieben und schreiben für
Erwachsene, für den ernsten „literarischen Salon". Diesen darf man, so
der Kinderbuchautor Michael Ende, aus jeder Tür betreten, „aus der
Gefängnistür, aus der Irrenhaustür oder aus der Bordelltür. Nur aus einer
Tür darf man nicht kommen, aus der Kinderzimmertür" – doch schauen
wir mal, was sich in München hinter dieser Tür an Büchern verbirgt.*

bei einem Glas Champagner, schreibend in einem Schwabinger Café, womöglich an der *Konferenz der Tiere* arbeitend: Nachdem die Menschen politisch kläglich versagt haben, treffen sich bei dieser internationalen Konferenz Vertreter aller Tierarten, um den Weltfrieden zu sichern. Dazu nötig sind der Abbau des Militärs und der Verwaltung und das Versprechen, alle Bestrebungen der Menschheit auf den Frieden und das Wohl der Kinder auszurichten: Die bestbezahlten Beamten sollen die Lehrer sein, denn „die Kinder zu wahren Menschen zu erziehen, ist die höchste und schwerste Aufgabe!"
In München entstand auch *Das doppelte Lottchen,* und, für seinen Sohn Thomas, seine beiden letzten Kinderbücher: *Der kleine Mann* und *Der kleine Mann und die kleine Miss.* Kästner ist auf dem viele Prominente versammelnden Friedhof in Bogenhausen beigesetzt.

Ich möchte Kinder zu Kennern machen.

Hier liegen mehr als 500 000 Jugendbücher in über 130 Sprachen – Lesen ohne Ende!

„Seid ihr alle da?" – Franz Graf von Pocci

Eigentlich war er Zeremonienmeister unter drei bayerischen Königen. Mehr Freude hatte Graf Pocci aber beim Zeichnen und Dichten, vor allem der Stücke rund um seinen Kasperl Larifari. In rund 45 Geschichten spielt der pfiffige Geselle und nur entfernte Verwandte des groben Hanswurst die Hauptrolle, freut sich ebenfalls über Bier und Bratwurst und tritt bis heute immer wieder in dem von Pocci geförderten Münchner Puppentheater auf. Inzwischen ist seit vielen Jahren der Puppenspieler und Marionettenbauer Siegfried Böhmke Leiter des kleinen Hauses in der Blumenstraße. Er hat die Kunst des Puppenspiels bei dem Amerikaner Jim Henson gelernt, dem Vater der Sesamstraße und der Muppet Show.

Kermit der Frosch würde sagen: Applaus, Applaus! Lasst die Puppen tanzen!

Bibliothek für die Jugend

Erich Kästner war einer der Begründer der Internationalen Jugendbibliothek in München. Sie ist im Schloss Blutenburg untergebracht und weltweit die größte Bibliothek für internationale Kinder- und Jugendliteratur. Teile des Nachlasses von Michael Ende sind dort verwahrt und tatsächlich ist es in der Burg aus dem 15. Jahrhundert möglich, in einem Dornröschenambiente die Welt der Literatur im Kinderzimmer zu betreten. Hier kann der kleine Leser Stadt und Land aus der Perspektive des Münchner Wimmelbucherfinders Ali Mitgutsch betrachten oder die echte Geschichte der Biene Maja von Waldemar Bonsels studieren, der ebenso wie die Pumuckl-Erfinderin Ellis Kaut, der Schöpfer des Nasobems Hans Christian Morgenstern oder der Kasperl-Graf von Pocci Spuren in München hinterlassen hat.

„Jeder spinnt auf seine Weise – der eine laut, der andere leise.“

„Lebe, lache gut! Mache deine Sache gut!“ – Joachim Ringelnatz

Joachim Ringelnatz – mit bürgerlichem Namen Hans Gustav Bötticher – wurde Ende des 19. Jahrhunderts vor allem durch die Kunstfigur Kuttel Daddeldu und seine humoristischen Gedichte bekannt. Die Hamburger Ameisen, die nach Australien reisen wollten, jedoch schon bei Altona auf der Chaussee umkehrten, weil ihnen die Beine wehtaten, oder der Bumerang, der, ein weniges zu lang, nach einem geflogenen Stück nicht mehr kam zurück, sind noch heute erheiternde Beiträge großer Poesie. Sein ursprünglicher Wunsch, Seemann zu werden, scheiterte, weshalb Ringelnatz zunächst eine Stelle in einem Münchner Reisebüro annahm, bevor er in der Schwabinger Künstlerkneipe Simpl zum „Hausdichter“ wurde. Er wurde zunächst in Bier bezahlt, doch was für einen Rausch reichte, reichte nicht fürs Leben. Aus diesem Grund eröffnete er einen Tabakladen, zu dessen besten Kunden er selbst zählte, und machte mit einem Reklameschild darauf aufmerksam: „Damen und Herren werden auf Wunsch gegen Bezahlung angedichtet.“

Eigentlich stamme ich aus dem steifen Norden, aber München leuchtete eben mehr!

„Das Gute kommt immer zu spät ...“ – Thomas Mann

Thomas Mann, einer der angesehensten deutschen Schriftsteller, ist sicher ein Fall für erwachsene Leser, doch darf er als Literaturnobelpreisträger in der literarischen Liste nicht fehlen. Er behauptete einmal, der Begriff Literat sei ein Schimpfwort, noch gefürchteter als Stümper oder Hohlkopf. Den gefürchtetsten Kraftausdruck legte er allerdings einer seiner Romanfiguren, dem genussfreudigen Bayern Alois Permaneder in den Mund. In dem berühmten Buch *Die Buddenbrooks* endet mit diesem Kraftausdruck dessen Ehe und es dauert viele Seiten, bis der Leser erfährt, was „das Wort“ war, das er seiner Frau abschließend hinterherrief: „Geh' zum Deifi, Saulud'r dreckats!“ – das können sich sicher auch die jungen Leser für den Bedarfsfall merken.

1929 erhielt Mann für seinen Roman den Nobelpreis für Literatur. Er lebte damals in einer hübschen Villa im Münchner Herzogpark. Der ausgestopfte Bär, der dort einst die Empfangshalle schmückte, ist heute in einem gläsernen Kasten im Dachgeschoss des Literaturhauses am Salvatorplatz gefangen.

Ich war ein Hochzeits-
geschenk aus St. Petersburg
für die Eltern von Thomas.

„Mehr Erotik bitte!" –
Oskar Maria Graf

„Oskar Maria Graf. Provinzschriftsteller. Spezialität: Ländliche Sachen" – das hatte er sich auf seine Visitenkarten drucken lassen. Und mit dem Landleben kannte sich der Bäckersohn vom Starnberger See aus. Er schilderte es in seinem berühmtesten Roman *Das Leben meiner Mutter*. Als am 10. Mai 1933 in München unter dem Regime der Nationalsozialisten die Bücher kritischer Autoren verbrannt wurden, fehlten allerdings seine Werke auf dem Scheiterhaufen. Sogleich verfasste Graf einen entsetzten Brief, der unter der Überschrift „Verbrennt mich!" in der *Wiener Arbeiterzeitung* veröffentlicht wurde: „Diese Unehre habe ich nicht verdient!", protestierte er dort gegen die Vereinnahmung seiner Werke für das Terrorregime, denn mit dem wollte er nichts zu tun haben. Tatsächlich wurde sein Wunsch erfüllt. Während er bereits im Exil war, wurden seine Bücher nachträglich „den Flammen übergeben". Später lebte Graf in Lederhosen und bayerisch sprechend fast 30 Jahre im New Yorker Exil. Englisch hat er nie gelernt, denn seine Sprache war seine Heimat, die er so nie verließ: „Da bin ich zuhause." Anzügliche Zitate des Lebemannes Graf sind heute auf dem Geschirr des Cafés im Literaturhaus zu finden.

24 Heiliges München

*„Grüß Gott!", so wirst du in München empfangen. Dabei handelt es sich
nicht, wie von manchen Preußen lächelnd vermutet, um eine Befehlsform,
sondern um einen Wunsch, quasi ein „Grüße dich Gott", eigentlich „Gott
segne dich". Noch heute ist etwa ein Drittel der Münchner Bevölkerung
katholischen Glaubens, auch wenn in den letzten Jahrzehnten Angehörige
unterschiedlichster Konfessionen hinzukamen und vor allem Konfessions-
lose die Oberhand gewannen. Doch egal, welchem Glauben du angehörst
und zu welchem Gott du betest, zum Abschied heißt es herzlich „Pfiat di
God!", oder abgekürzt „Pfiat di", soll heißen „Behüt dich Gott".*

Es ist ein
Franziskus!

Papstwahl in München?

Immer, wenn die Katholiken einen neu-
en Papa, einen neuen Papst, bekommen,
blickt die Welt nach Rom, wo während
des Konklaves in der Sixtinischen Kapelle
entschieden wird, wer künftig das Oberhaupt der katholischen Kirche sein wird.
Die Münchner hingegen schauen in den
Alten Peter, wo auf dem Hochaltar der
heilige Petrus thront, der erste Stellvertreter Christi auf Erden. Ihm wird beim
Ableben oder Rücktritt eines Papstes die
dreifache Krone, die Tiara, abgenommen
und zunächst auf ein samtenes Kissen ins
Seitenschiff der Kirche gestellt. Sobald
dann in Rom der weiße Rauch aufsteigt,
Zeichen, dass ein neuer Papst gewählt

„Ich bin natürlich ein Bayer geblieben, auch als Bischof von Rom."

wurde, findet auch in München wieder die Krönung der Altarfigur von Erasmus Grasser statt: „Habemus Papam!", heißt es dann, „Wir haben einen Papst!".

„Wir sind Papst"

So titelte eine große deutsche Tageszeitung, als 2005 ein Bayer in Rom zum Papst gewählt wurde. Nach 482 Jahren saß erstmals wieder ein Deutscher, gar ein Bayer auf dem Heiligen Stuhl. Da Joseph Aloisius Ratzinger, alias Benedikt XVI., vormals Erzbischof von München und Freising gewesen war, fühlten sich die Menschen vor Ort dem neuen Papst besonders verbunden. 2006 besuchte er seine Heimat unter dem Motto „Wer glaubt ist nie allein" und

tatsächlich verfolgten mehr als eine Viertelmillion Menschen seine Sonntagsmesse in der Messestadt Riem und den letzten Teil seiner Anreise mit dem Papamobil Richtung Innenstadt. „Segne uns und diese Stadt und dieses Land", betete er an der Mariensäule. Heute erinnert an den bayerischen Papst eine Gedenktafel in der Frauenkirche, die seit 1821 die Kathedrale, also der Bischofssitz des Erzbistums München-Freising ist. Seine Heiligkeit beendete sein Amt – ungewöhnlich für einen Papst – aufgrund seines vorgerückten Alters bereits zu Lebzeiten. Im Jahr 2013 trat Papst Franziskus an seine Stelle.

Erzbischof unterm Bastardbalken

Der bayerische Kurfürst Karl Albrecht, später immerhin Kaiser des Heiligen Römischen Reiches, war dem weiblichen Geschlecht nicht abgeneigt. Allein mit seiner Frau hatte er sieben Kinder und auch von zahlreichem unehelichem Nachwuchs ist die Rede. Für seine Geliebte und den gemeinsamen unehelich geborenen Sohn Franz Ludwig, den später anerkannten Grafen von Holnstein, ließ er durch den Hofbaumeister François Cuvilliés eines der schönsten barocken Adelspalais in München errichten. Die außereheliche Geburt wurde durch den roten Bastardbalken im Wappen unter dem Dachfirst kenntlich gemacht. Lange Zeit galt ein solches Kind als „Bastard", aus Sicht der Kirche ein Ehrenmakel, was sie nicht davon abhielt, das entsprechend gekennzeichnete Palais Holnstein in der Kardinal-Faulhaber-Straße als Erzbischöfliches Palais zu beziehen. Seit 1821 beherbergt es den Amtssitz und eine Wohnung des jeweiligen Erzbischofs von München und Freising, derzeit ist das Kardinal Reinhard Marx.

Ich, Graf von Holnstein, war wohl nur eines von 40 bis 60 unehelichen Kindern meines Vaters.

Luthers Achterbahn

Die protestantische Lehre Luthers konnte sich lange Zeit nicht so recht durchsetzen im katholischen Bayern, im Gegenteil: Im 17. Jahrhundert kämpfte man 30 Jahre an erster Front in einem anfänglichen Religionskrieg gegen diesen sogenannten Fehlglauben. Es dauerte sogar bis 1801, bis der erste Protestant in München überhaupt das Bürgerrecht erhielt. Die erste evangelische Kirche in München wurde schließlich die Pfarrkirche St. Matthäus. Ihr heutiger Bau jenseits des Sendlinger Tors entstand in den 1950er-Jahren und hat ein außergewöhnliches Kirchenschiff in der damals angesagten Nierenform mit schwungvoll gewölbtem Dach. Im Volksmund wird die Kirche auch als „Badwanndl vom Liab'n Gott" oder „Luthers Achterbahn" bezeichnet.

Göttliches Theater

Nur neun Meter schmal und 28 Meter lang, keine Möglichkeit für Seitenfenster, inmitten der Ausfallstraße Richtung Sendling – 1733 erwarben die Brüder Egid Quirin und Cosmas Damian Asam ein höchst ungünstiges Grundstück, um es zum Bau einer privaten Kirche zu verwenden. Was

In meinem Grab fand man meine unversehrte, verschwiegene Zunge.

darauf entstand, ist der Höhepunkt des bayerischen Spätbarocks, die womöglich schönste Kirche Münchens, ein göttliches Theater. Dieses schildert detailreich Möglichkeiten des Aufstiegs reuiger Sünder aus dem dämmrigen Erdendasein in das Licht himmlischer Erlösung. Bereits im Vorraum schneidet der Tod dem Verstorbenen den Lebensfaden ab. Im offenen Beichtstuhl wird dann dem frommen Heuchler noch die letzte Chance gegeben, sich unter dem strengen Blick der Heiligen seiner Sünden durch die Beichte zu entledigen. Geweiht ist die Kirche dem heiligen Nepomuk. Als Priester am Prager Hof gab er dem König trotz Drohung mit dem Tod sein Beichtgeheimnis nicht preis. Was

die Königin ihm geflüstert hatte, sollte ihr Mann nie erfahren. Auch deshalb musste Nepomuk in der Moldau sterben. Seine Geschichte erzählt das Deckenfresko, eine Reliquie liegt im Altarraum. Grundsätzlich erkennt man ihn, häufig bayerische Brücken bewachend, am Kranz mit den fünf Sternen, sinnbildlich für das lateinische T - A - C - U - I – Ich habe geschwiegen!

25 Sagenhaft

„Vom Affen gekidnappt", „Unschuldiger zum Tode verurteilt", „Brezn für alle!" – das wären wohl die Schlagzeilen des Mittelalters aus der Residenzstadt München gewesen. Allerdings handelt es sich hier im häufigsten Fall tatsächlich um alternative Fakten oder wie man es früher nannte: Sagen und Legenden.

Affentheater

Das Geschrei war groß, so sagt man, als der kleine Ludwig, später immerhin Kaiser des Deutschen Reiches, von einem Affen der herzoglichen Tierhaltung aus seiner Wiege geklaut und durch den Erker der Burg auf das Dach geschleppt worden war. Die ganze Dienerschaft war entsetzt, breitete Decken und Kissen im Innenhof aus und beobachtete gebannt den Affen, der unbeeindruckt bald darauf das Kind wieder in dessen Gemach trug. Hübsche Geschichte, allerdings ein rechter Schmarrn, zumal der Erker erst entstand, als Ludwig schon lange im Grab lag. Heute, mehr als 700 Jahre später, nimmt man es mit den zeitlichen Abläufen nicht mehr so genau und erzählt die Sage gern von Neuem!

„Ihr jung und alte Leut, geht's hin zum Heiligen Geist, wo's die Wadler Pretzen geit!"

Brezn für alle!

Vor den Toren der Stadt, im Bereich des heutigen Viktualienmarkts, wurde im Mittelalter ein Spital gegründet. Hier wurden die von Seuchen Geplagten, die Alten, Narren und gefallenen Mädchen versorgt. Die Brüder vom Orden des Heiligen Geistes kümmerten sich um die Armen-, Waisen- und Krankenpflege und lebten von Pfründen und Spenden. Berühmt wurde dabei die Wadler-Spende des Ehepaars gleichen Namens, das durch den Salzhandel zu beachtlichem Reichtum gekommen war. 63 Pfund Pfennige übergab es dem Heilig-Geist-Spital, eine Stiftung, die auch für eine jährliche Breznspende vorgesehen war. Der Breznreiter zog jeweils am 27. Dezember auf einem Schimmel mit laut klackerndem, gelockertem Hufeisen durch die Stadt und verteilte das Gebäck an die Armen. Auf dem Deckenfresko der Heilig-Geist-Kirche, einst von Cosmas Damian Asam gemalt, ist der Breznreiter noch zu sehen – auch wenn der Brauch 1801 nach knapp 500 Jahren zunächst ein Ende fand: Erzürnte Bürger, die keine Brezn mehr abbekommen hatten, hatten den Reiter vom Pferd gezogen und verprügelt. Dann war Schluss mit der Wadler-Spende!

„Als nach Christi Geburt gezählet war / Vierzechenhundert Neunzig Jar / Hat Herzog Christof hochgeboren / Ein Held auß Bayern außerkoren / den Stein gehebt von freyer Erde"

Nur ein Steinwurf

Herzog Christoph galt als einer der stärksten Männer seiner Zeit, also des 15. Jahrhunderts. Ein kühner Held, der schon in Kindertagen angeblich allein aus Übermut eine Löwin aus dem herzoglichen Zwinger tötete, indem er ihr das weit aufgesperrte Maul mit bloßen Händen auseinander riss. Auch konnte er einen Stein von 182 Kilo ohne Anstrengung durch die Luft schleudern. Der Brocken liegt heute im Durchgang zum Brunnenhof der Residenz an einer eisernen Kette. Diese wäre wohl nicht nötig, denn es dem Herzog gleichzutun, hat noch kein anderer Kraftprotz je

geschafft. Über dem Stein sind drei Nägel in die Wand geschlagen, wobei Christoph mit Leichtigkeit den obersten mit dem Fuß berührte. Die nebenstehende Tafel erklärt: Er sprang „zum dritten Nagel an der Wand. Wer höher springt, wird auch bekannt." Also: nur zu!

Übrigens: Das Schwert von Herzog Christoph liegt heute als Zeremonialschwert in der Schatzkammer der Residenz. Neue Mitglieder des Ritterordens vom Heiligen Georg wurden mit ihm zum Ritter geschlagen.

Treffe nie ein vorschnelles Urteil!

Goldraub

In der Fußgängerzone, etwa auf halber Höhe, ist aus Pflastersteinen der Umriss des Schönen Turms markiert, der ehemals als Teil der ersten Stadtmauer die Stadtgrenze festlegte. Hier hatte auch ein Goldschmied seine Werkstatt. Der ehrenwerte Handwerker wurde einst von einem edlen Herrn mit der Kopie eines wertvollen Geschmeides beauftragt, das dieser ihm als Vorlage brachte. Der Goldschmied machte sich an die Arbeit, öffnete das Fenster, um die Sonne einzulassen, und verließ nur kurz zur Mittagspause die Werkstatt. Doch bei seiner Rückkehr musste er er-schrocken feststellen, dass der Schmuck gestohlen war. Niemand glaubte ihm seine Unschuld; man vermutete, er selbst habe sich bereichert, und so wurde er zum Tod verurteilt. Erst lange Zeit später wurden Bauarbeiten am Dach des Turms ausgeführt und dabei ein Elsternest mit wertvollem Inhalt gefunden: Das diebische Tier hatte den glitzernden Schmuck geklaut. Den vom Turm und vom Schicksal gebeugten Schmied siehst du noch heute an der Mauerwand.

26 Schatzsuche

München verfügt über viele Schätze und großen Reichtum – und hier ist nicht die Münchner Schickeria mit den vollen Bankkonten gemeint oder die Firma zum Drucken von Geld, die, im Münchner Norden angesiedelt, Banknoten herstellte. Die wahren Schätze der Stadt werden oft nicht mehr zur Schau getragen, sind einzigartig und selten käuflich.

Kammer voller Juwelen

„Niemals dürfen sie verschenkt oder veräußert werden!", so bestimmte Herzog Albrecht V. mit seiner Frau Anna von Österreich testamentarisch über 19 Kleinodien, also Kostbarkeiten, die zum Grundstock ihrer Sammlung wurden. Die Zahl dieser Juwelen und Goldschmiedewerke, Kristall- und Elfenbeinarbeiten sowie exotischen Raritäten wuchs über die Jahrhunderte auf 1200 Einzelstücke an. Ihre Pracht darf heute jeder in der Schatzkammer der Residenz bestaunen. Im Zentrum stehen natürlich die Insignien des Königs: Reichsapfel, Krone und Zepter. Diese Meisterwerke aus Gold, Diamanten, Brillanten, Rubinen, Smaragden, Saphiren und Perlen wurden in Paris vom Goldschmied Napoleons, Guillaume Biennais, angefertigt. Gekrönt wurde damit jedoch niemand, da man sich in Bayern politisch schon bald gegen Frankreich wandte und mit der

Krone aus den Händen eines wenig später abgedankten französischen Kaisers wollte sich niemand mehr schmücken.

Ein königliches Lutschbonbon

In der Mitte der bayerischen Königskrone thront auf acht Spangen eine Weltkugel mit einem glänzenden Saphir. Ursprünglich war hier einer der größten blauen Diamanten der Welt gefasst: Der Blaue Wittelsbacher mit einst 35,56 Karat. Während der Weltwirtschaftskrise wollte das in Geldnöte geratene Adelshaus den Stein

Ich, der heilige Georg, kämpfe gegen das Böse und für den katholischen Glauben!

Ich bin der Kopf von Johannes dem Täufer. Ob ich Salome wirklich auf einem silbernen Tablett gereicht wurde?

1931 verkaufen. Über mehrere Besitzer gelangte er 2008 bei einer Auktion für 18,4 Millionen Euro an einen Londoner Juwelier und Edelsteinhändler. Er verlieh dem Stein einen neuen Schliff, machte ihn um etliche Karat leichter und, laut Presse, zu einem „königlichen Lutschbonbon". Das neben der Krone liegende bayerische Reichsschwert ist hingegen unverändert und trägt die Inschrift: „Weder verwegen noch furchtsam".

Heilige Knochen und heiliges Blut

Kleine Mumien des bethlehemitischen Kindermords in kristallenen Särgen, die knöchernen Schädeldecken der heiligen Elisabeth und ihres Sohnes, Johannes des Täufers, in Samt gefasst und mit Perlen bestickt, sowie dessen zum Segen erhobene, skelettierte Hand – bis weit ins

18. Jahrhundert war die Reliquienkammer der Residenz mit den Überresten von Heiligen der kostbarste Schatz des Hauses. Zu betreten ist sie heute durch eine dicke stählerne Panzertür. Dahinter liegen heilige Knochen und Gegenstände, gesammelt vor allem im Mittelalter und zu Zeiten der Gegenreformation. Während Luther den Reliquienkult bekämpfte, freute sich das katholische Bayern und trug die Schätze zu einer der bedeutendsten Reliquiensammlungen ganz Europas zusammen. Frommes Gebet zu den Heiligen gab Kraft gegen Hunger, Krieg und Pest und größter Schatz waren dabei die Dokumente des Sterbens Christi: ein Stück blutbespritzte Geißelsäule, Dornen von der Krone Christi, ein Teil des Kreuzes und des essigbenetzten Schwamms – Glauben ist alles!

Weißes Gold

Marco Polo brachte im späten 13. Jahrhundert auf seinen Schiffen eine geheimnisvolle Keramik mit nach Europa. Sie wurde nach Gehäusen der Kaurisschnecke *porcellana* benannt. Die Kunst der Porzellanherstellung war in China damals bereits 500 Jahre alt. In Deutschland forschte man hingegen weitere Jahrhunderte mit allen Mitteln, das *Arkanum*, das Geheimnis um die Herstellung des weißen Goldes, zu lüften. In Bayern wurde der Fall erst 1747 gelöst: geriebener Quarz, Feldspat und Kaolin wurden als verflüssigte Porzellanmasse in Gipsformen gegossen und bei 950 bis 1400 Grad gebrannt. Aus unzähligen Einzelteilen setzte der größte Künstler der Manufaktur Nymphenburg, Franz Anton Bustelli, seine Rokokofigürchen zusammen – *manu factum* (lateinisch: mit der Hand gemacht)! Die koketten Damen und galanten Herren standen häufig in Grüppchen zur Zierde auf festlichen höfischen Tafeln und ersetzten Marzipan- und Zuckerbäckerdekoration. Eine kleine grazile Welt des sinnenfreudigen Rokoko mit seinen Zöpfen, geschnürten Taillen und Schönheitsflecken. Noch heute werden die kleinen zerbrechlichen Kunstwerke in Nymphenburg hergestellt. Manche werden mit feinsten Pinseln aus Eichhörnchenhaar bemalt oder zart mit echtem Gold geschmückt – fast unbezahlbar!

Ich bin durchs Feuer gegangen.

Gesucht: Alchemist zur Herstellung von Gold

Kammer der Wunder und Münzen

Im heutigen Landesamt für Denkmalpflege befand sich einst die Wunderkammer Herzog Albrechts V. Es war eine exotische Sammlung weltweit zusammengetragener Raritäten und Kuriositäten, zum Teil zu wertvollen Kunstgegenständen verarbeitet: Pokale aus Nautilusschalen, gefasste Straußeneier, Narwalzähne, die als Hörner des Einhorns galten, nussschalenkleine Schnitzereien und Literatur über Alchemie, die Lehre, die sich nicht zuletzt der Herstellung von Gold verschrieben hatte. Während unten die Pferde im höfischen Marstall standen, hatte im Obergeschoss des Arkadenhofes demnach der Vorläufer heutiger Museen seinen Sitz. Die Herstellung von Gold anhand vielfältiger Literatur und Anleitungen hat in den diversen Hexenküchen übrigens nie geklappt, auch wenn der Alchemist und Hochstapler Franz Seraph Tausend noch 1929 in den Räumen der Alten Münze Experimente vorführte. Vom 19. Jahrhundert an wurde in München dann zumindest Gold geprägt. Das Gebäude am Hofgraben war zur Königlichen Münze geworden, worauf die Inschrift *Moneta regia* (lateinisch: königliche Münze) unter dem Dachfirst hinweist. Wer des Lateinischen nicht so mächtig ist, übersetzt schnell falsch: Geld regiert (die Welt). Gerade die drei Damen im Giebelfeld würden dem jedenfalls zustimmen, sind sie doch Personifikationen von Gold, Silber und Erz.

Pecuniam regit mundi. So müsste es heißen: Geld regiert die Welt!

27

Ein Haus in München – Architekt(o)ur im Wandel der Zeit

Das Schaffen von bezahlbarem Wohnraum ist für eine attraktive und schnell wachsende Stadt wie München eine große Herausforderung. Jeder der rund 1,5 Millionen Einwohner braucht seinen Raum. Doch dieser wird immer knapper und immer teurer – München ist, was die Mietkosten betrifft, die teuerste Stadt in Deutschland.

Von unten: stairway to heaven, von oben: highway to hell.

VOM MITTELALTER ...

Zugang zum Himmel

Nein, so leicht kommt man nicht in göttliche Regionen und es sind auch nicht nur Engerl gewesen, die im Mittelalter eine der verbreiteten Himmelsleitern erklommen. Noch bevor die gegenläufigen Treppen mit platzsparendem Richtungswechsel erfunden wurden, ging es architektonisch in alt Münchner Bürgerhäusern eben nur in eine Richtung nach oben. Da am Ende ein Fenster mit Tageslicht lockte, schien es, als könne man so direkt den Himmel erreichen. Natürlich waren die oberen Stockwerke begehrt, denn unten fürchtete man Eindringlinge, Hochwasser und Ungeziefer.

43 Stufen führen im Münchner Bier- & Oktoberfestmuseum in der Sterneckerstraße über die vier niedrigen Geschosse des Hauses, das seine Ursprünge im 14. Jahrhundert hat.

Diverse Probleme mit dem Wohnungsbau gab es natürlich schon immer. Im Mittelalter galt es vor allem, sich vor den Hochwassern der unbefestigten Isar zu schützen oder ein begehrtes Plätzchen als anerkannter Bürger innerhalb der schützenden Stadtmauer zu beziehen. Die Burgstraße war der erste befestigte Weg, auf dem man bei Regen und Schnee nicht durch Matsch und Kloake watete. Brandgefahr bei offenen Feuerstellen in der Küche, schlechte Isolation, problematische Hygienebedingungen und kleine Zimmer für große Familien beschäftigten die Menschen auch später noch, vor allem im 19. Jahrhundert, als die Suche nach Arbeit die Landbevölkerung in die Stadt trieb. Jede Epoche hatte also ihre baulichen Herausforderungen und Besonderheiten.

... ZUR RENAISSANCE
Ein Haus mit Ohren

Hören konnte man durch diese sogenannten Ohrwaschel nichts, aber immerhin tropfte aufgrund der kleinen Halbgiebel kein Wasser mehr auf die Dächer des Nachbarn, was einst laut Bauverordnung verboten war. Eines der ältesten Münchner Bürgerhäuser in der Burgstraße 5 verfügt noch heute über Ohren, sogar mit Balken, an dem einst mithilfe eines Flaschenzugs Waren auf den Dachboden gezogen wurden. Vor allem Wein wurde hier im Weinstadel gelagert und verzollt, bevor er in der nahen Weinstraße auf dem Markt angeboten wurde. Gleichzeitig war das prächtige Haus mit Ohren und aufwendig bemalter Fassade im 16. Jahrhundert Sitz des Stadtschreibers, der als gebildeter Mann Urkunden und Verträge verfasste. Immerhin konnte er lesen und schreiben! Eine Selbstverständlichkeit für jedermann wurde dies erst Jahrhunderte später, als am 23. Dezember 1802 in Bayern die allgemeine Schulpflicht eingeführt wurde – was für ein Geschenk!

Heute kein Badetag
für Hunde

Fürstliche Fressschalen

Dem Adel zu Zeiten der Monarchie ging es beim Bauen seiner Paläste vor allem darum, Reichtum und Macht zu demonstrieren. Graf Johann Maximilian von Preysing, der damalige Oberststallmeister des Kurfürsten und späteren Kaisers Karl Albrecht, wurde zum Beispiel von seinem Herrn mehrfach für sein nicht standesgemäßes, bescheidenes Wohnhaus gegenüber der Münchner Residenz verspottet. Dies ließ der fürstliche Berater nicht auf sich sitzen: Er beauftragte den Hofbaumeister Joseph Effner mit dem Neubau eines großartigen Palais. Nur fünf Jahren später, 1728, fand der erstaunte Kurfürst das erste Rokoko-Palais Münchens vor. Beim Betreten schreitet man noch heute über die dreiarmige Prunktreppe empor, die Wände und Säulen sind mit prächtigen Stuckarbeiten geschmückt. Überall finden sich Wellenlinien, Schnörkel und die Formen von Felsmuscheln, *rocaille,* die dem damals neuen Baustil, dem Rokoko, ihren Namen gaben. Selbst die vor dem Haus angebrachten Fressschalen für die herrschaftlichen Pferde waren aus Marmor gefertigt. Die Summen, die der Bau verschlungen hatte, kannte nur der Erbauer selbst – alle Rechnungen waren vernichtet worden.

... ZUM JUGENDSTIL

Waschtag

Ein Herrenbecken, ein kleineres, davon getrenntes Damenbecken, beide mit Holzkabinen und direktem Zutritt, ein römisch-irisches Dampfbad, selbst ein Hundebad, ebenso wie anfangs 86 Wannenbäder und 22 Brausebäder standen in diesem damals wohl kostspieligsten Schwimmbad der Welt zur Verfügung. Die Bausumme von 1,8 Millionen Goldmark hatte der Münchner Ingenieur Karl Müller gespendet und mit dem folglich so benannten Müllerschen Volksbad den „unbemittelten" Stadtbewohnern ab 1901 Zugang zu Hygiene und Wassersport eröffnet. Badewannen und Duschen waren noch keine Selbstverständlichkeit in den Mietskasernen und Herbergen der Jahrhundertwende. Erst als sie sich in zahl-

reichen Privathaushalten verbreiteten, wurden entsprechende Anlagen im Bad stillgelegt. Schwimmen kann man jedoch noch immer unter dem prächtigen Tonnengewölbe, umgeben vom blumigen, geschwungenen Schmuck des damals modernen Jugendstils. Der Architekt Carl Hocheder hatte sich von unterschiedlichsten Vorbildern inspirieren lassen: von römischen Thermenanlagen und barocken Kirchenbauten, von orientalischen Hammams und muslimischen Moscheen. Das erste öffentliche Hallenbad Münchens unterscheidet heute jedoch nicht mehr zwischen Damen- und Herrenbad – und Hunde müssen draußen bleiben!

VON DER HERBERGE ...

Herbergssuche

Von jenen, die bereits vor Jahrhunderten auszogen, ihr Glück in der wachsenden Stadt München zu suchen, endeten viele bereits vor den Stadtgrenzen im damaligen Dorf Haidhausen. Hier, am Hochufer der Isar, arbeiteten sie als Flößer oder in den ansässigen Ziegeleien, die aus den großen Lehmvorkommen des Bergs am Laim den begehrten Baustoff für höfische Residenzen und städtische Villen lieferten. Den armen Arbeitern und bedürftigen Tagelöhnern wurden bescheidene Herbergen zur Verfügung gestellt, mit niedrigen Decken, kleinen Zimmern, Pumpbrunnen, aber der Aussicht auf Eigentum. Das Herbergsrecht räumte im 18. Jahrhundert erstmals die Möglichkeit ein, Wohnungseigentum auf nicht eigenem Grund zu erwerben. Dabei handelte es sich oft nur um einzelne Stockwerke oder bescheidene Zimmer, die aber über eigene Türen und Treppen erreichbar waren. Es entstand die besondere Architektur der Herbergshäuser, wobei der Kriechbaumhof heute der letzte seiner Art im ehemaligen Arbeiterviertel ist: Ein historischer Holzbau, umgeben vom Werk der Ziegelbarone, den großzügigen, gemauerten Stadtwohnungen.

Heute Treffpunkt der Jugend des Deutschen Alpenvereins: Räume nur noch zur Miete, nicht mehr zum Kauf.

Hoch hin Haus

Der letzte Schrei moderner Architektur im München der 1920er-Jahre war ein erstes Hochhaus. Zwölf Stockwerke ragen 45 Meter in die Höhe. Eine Konstruktion rund um ein Stahlskelett wurde mit Ziegeln ummantelt. Mit dieser Kombination aus traditionellen und modernen Elementen entstand das erste Beispiel für den sogenannten Münchner Sonderweg im Bereich der Architektur, soll heißen: Moderne Metropole wäre man schon gerne, aber ohne dazugehörige aufragende, wolkenkratzende, allzu sehr ins alte Stadtbild eingreifende Bauten.

Noch 2004 setzte sogar ein Bürgerentscheid dem Bauen nach oben Grenzen. Nach vereinzelten modernen Glastürmen in der Skyline sprach sich die Mehrheit der Bevölkerung gegen weitere Hochhausbauten aus. München bleibt demnach Millionendorf und die Kirche, konkret die Frauenkirche mit ihren knapp hundert Metern Höhe, das Maß aller Dinge, was das Himmelsstreben von Gebäuden angeht: Höher darf auch in Zukunft nicht gebaut werden.

Im ersten Münchner Hochhaus, das noch immer über einen funktionstüchtigen Paternosteraufzug verfügt, sitzt aktuell eines der Stadtreferate. Aufgabe: Stadtplanung und Bauordnung.

Ein solcher „Vierkantbolzen" soll in München nie mehr gebaut werden!

28 Ganz Europa an einem Tag

Man denke an die vielen asiatischen Touristen, die heute im Pariser Louvre stehen und morgen vor Schloss Neuschwanstein – in einer Woche um die Welt! Doch um Europa gefühlt an einem Tag zu bereisen, dafür braucht es nur ein Reiseziel: München. Sitzt du in einem Straßencafé am sonnigen Odeonsplatz, fühlst du dich tatsächlich wie in der nördlichsten Stadt Italiens, Griechenland mit seinen Tempeln liegt am Königsplatz, und andere sagen, der Orient beginne direkt dahinter, rund um den Münchner Hauptbahnhof. Leben wie Gott in Frankreich lässt es sich in der Maxvorstadt allemal und England schickte seine Gartenkunst bereits um 1800 nach Schwabing. Ein vereintes Europa, das scheint also in München auf der Straße zu liegen und ist an vielen Orten greifbar nahe.

Von Frankreich ...

In Paris, am Place de la Concorde, steht er: Der Obelisk von Luxor, 23,5 Meter hoch und etwa 230 Tonnen schwer. Ein ägyptischer Granit-Monolith aus der Zeit Ramses II. – ein ähnliches, steinernes Monument wünschte sich König Ludwig I. auch in München, doch der Transport eines solch tonnenschweren Kunstwerks war mit den damaligen Mitteln unmöglich. Man entschied sich daher für einen Bronzeguss rund um einen Backsteinkern, aber in ähnlicher Form. Das Ganze sollte auf einem Podest stehen, von dem aus die Straßen sternförmig ins Viertel der Maxvorstadt ziehen. Ihre Namen erhielten Barer- und Briennerstraße von den französischen Schlachtfeldern in Bar-sur-Aube oder Brienne-le-Château, wo einst auch bayerische Soldaten in den Befreiungskriegen die Truppen des französischen Kaisers und Feldherrn Napoleon bekämpften. Er, der zuvor Bayern zum Königreich gemacht hatte, wurde 1813 vernichtend geschlagen. Eine lange, politische Bindung an Frankreich ging zu Ende. Der Obelisk, der auf den ersten Blick wie ein Freundschaftszeichen wirkt, wurde aus Geschützen gegossen und 1833 zum 20-jährigen Jubiläum des Sieges über Frankreich von König Ludwig I. enthüllt. Dessen Blick wendete sich dann von West eher Richtung Ost, Richtung Antike ...

... nach Griechenland

Vorbild war die Akropolis in Athen – ein von Tempeln umstandener Platz sollte auf dem Fürstenweg aus der Stadt München Richtung Sommerresidenz Nymphenburg entstehen. Der Architekt des Kronprinzen Ludwig, Leo von Klenze, platzierte zwischen den Tempelbauten von Glyptothek (ein Museum für antike Skulpturen) und Antikensammlung (heute mit einer Ausstellung antiker Vasen und Bronzen) die Propyläen, einen Torbau wie einst bei griechischen Heiligtümern. Der Giebelschmuck weist auf den griechischen Unabhängigkeitskampf gegen die Osmanen hin, nach dessen siegreichem Ende Otto, der Sohn des bayerischen Königs Ludwig I., das neu geschaffene Königreich Griechenland ab 1832 regierte. Seine Mutter beklagte zunächst, das Beste, das sie hätten, schickten sie nach Griechenland, doch bald schon kam von dort viel an Einfluss und Kunst zurück nach Bayern: Ludwigs Begeisterung für griechische Architektur und Skulptur wuchs, parallel dazu seine Sammlung antiker Kunstwerke. 25 Jahre investierte er viel Energie und Geld, während er weder am Hof noch bei den Bürgern Unterstützung erfuhr. Sein Vater verstand die Faszination für „zerbrochene, schmutzige Puppen" aus Marmor nicht und schüttelte den Kopf über die Geldausgaben des Sohnes, um aus „der Rasse von Bierbäuchen", „Griechen und Römer" zu machen. Doch Ludwig war überzeugt: „Ich werde nicht ruhen, bis München aussieht wie Athen."

**Und innen:
„Lauter zerbrochene
schmutzige Puppen!"**

Von England ...

Ein englischer Landschaftsgarten, über sieben Kilometer lang, mit vier Quadratkilometern Fläche größer als der Hyde-Park in London, aber: mitten in München. Der bayerische Kriegsminister Benjamin Thompson, später Reichsgraf von Rumford, gab die Anregung zu einer solchen Anlage auf dem Gelände der ehemals fürstlichen Jagdgebiete. Er war mit der Neuorganisation der Armee beauftragt worden, die sich in einem verheerenden Zustand befand. Die Soldaten waren schlecht bezahlt, schlecht gekleidet und schlecht ernährt. Um vor allem Letzteres zu ändern, ließ Rumford von den Garnisonen in Friedenszeiten zunächst Militärgärten anlegen, um mit selbst angebautem Gemüse die eigene Lebensmittelversorgung zu verbessern. Aus den bis dahin von der Bevölkerung misstrauisch beäugten, neu aus Übersee eingeführten Kartoffeln ließ er in Suppenküchen zur Armenspeisung mit Erbsen und Graupen eine billige, aber nahrhafte Suppe zubereiten, die Rumfordsuppe. Der Erdapfel aus den Militärgärten wurde zum Volksnahrungsmittel.

Als 1789 dann in Frankreich die Revolution ausbrach und man auch bei der unzufriedenen bayerischen Bevölkerung Aufstände befürchtete, entschied sich der damalige Kurfürst Karl Theodor schnell zu

einem großzügigen Geschenk: Er ließ den Englischen Garten als ersten städtischen Volkspark anlegen. Im Gegensatz zu den bis dahin verbreiteten, streng geometrischen, französischen Barockgärten als Zeichen fürstlicher Unterwerfung der Natur sollte der englische Gartentypus ein Symbol für Freiheit und Unabhängigkeit sein und für die Harmonie der natürlichen Landschaft. Das Volk zeigte sich zufrieden. Im Gegensatz zu Frankreich rollten in Bayern keine königlichen Köpfe.

Im Zentrum des Englischen Gartens entstand zudem der Biergarten rund um den Chinesischen Turm, mit Tanzböden, Kegelbahn und Karussell. Auch hier lieferte England das Vorbild: Die Pagode in den Londoner Royal Botanic Gardens, frei nach der Majolikapagode in Peking – China und asiatische Kultur waren damals der letzte Schrei!

Für Frühaufsteher: Einst tanzten nur die Hausangestellten, heute dreht sich beim Kocherlball die ganze Stadt zur Fledermaus-Quadrille.

München. Ludwigstrasse.

Hier hat sicher niemand vor, eine Mauer zu bauen!

Ich setze mich mit meinem ganzen Gewicht von 3500 Kilogramm für den Frieden ein.

... nach Italien

Nur ein großer Schritt, schon gelangt man aus dem Englischen Garten in die italienische Renaissance der Ludwigstraße, quasi nach Rom und Florenz. Bereits als Kronprinz nahm sich der spätere König Ludwig I. vor: „Ich will aus München eine Stadt machen, die Teutschland so zu Ehren gereicht, dass niemand sagen kann, er kenne Teutschland, wenn er München nicht gesehen hat!" Umgehend ließ er das Schwabinger Stadttor niederreißen und beauftragte seine Architekten Leo von Klenze und später Friedrich von Gärtner mit dem Bau einer Prachtstraße Richtung Norden. Links und rechts lagen Felder und die weiten Isarauen, hier weideten die Kühe, in der Mitte aber erstreckten sich bald Paläste der Neorenaissance. Die Feldherrnhalle im Süden, eine fast originalgetreue Kopie der Loggia dei Lanzi in Florenz, diente als Ausblickspunkt auf all die Pracht. Das Siegestor im Norden, ein Triumphbogen nach dem Vorbild des Konstantinbogens in Rom, bildet den Abschluss. Auf ihm führt Bavaria als Siegesgöttin ein Gespann mit vier Löwen stadtauswärts nach Norden, Richtung Preußen, Richtung Berlin...

Ein großer Schritt für München ...

... und irgendwie ein bisschen Hauptstadt

Heimliche Hauptstadt – das war München einst, nach dem Zweiten Weltkrieg, als das kleinstädtische rheinische Bonn über 40 Jahre provisorische deutsche Hauptstadt wurde und das geteilte ummauerte Berlin wie eine ferne Insel schien. Mit seinen großstädtischen Attraktionen, seinem weltweit bekannten, traditionellen Oktoberfest, seinem erfolgreichen Fußballverein und seiner blühenden BMW-Industrie war München international ein Begriff. Und selbst nach der Wiedervereinigung blieben die Touristen (derzeit über 15 Millionen Übernachtungen jährlich) dem Süden treu – auch wenn in Berlin die Mauer fiel. Ein Stück davon gibt es ohnehin vor Ort: Gestiftet von einem CSU-Bundesabgeordneten steht es nahe dem Amerikanischen Konsulat als Mahnmal für den Frieden. Ähnlich übrigens wie der kleine Bruder der Berliner Siegessäule, der Friedensengel, der am Isarhochufer glänzt. Er erinnert zwar an den Sieg im Deutsch-Französischen Krieg 1871, doch die weniger kämpferische Siegesgöttin Nike mit Ölzweig in der Hand blickt auf eine friedliche, bayerische Hauptstadt.

29 Film ab!

Bereits ein Jahr vor dem Komiker Charly Chaplin drehte der bayerische Kollege Karl Valentin 1913 seinen ersten Stummfilm in München. Es sollten viele folgen – mit und ohne Ton, von ihm und anderen, in Schwarz-Weiß, Farbe und 3-D. Vor den Toren Münchens, jenseits der Isar, entstand eine ganze Filmstadt aus Hallen und Kulissen. August Arnold und Robert Richter gründeten in Schwabing die Firma ARRI und lieferten mit der ersten Spiegelreflexkamera der Welt die Technik für zahlreiche Oscars. Währenddessen kümmert sich die Münchner Constantin Film AG um Produktion und Verleih. Insgesamt ist München also ganz großes Kino!

Bavaria(n) Film

Aus Studio 1, errichtet im Jahr 1919, wurde im Laufe der Zeit eine ganze Filmstadt: Die Bavaria – bis heute eine der größten Film- und Fernsehfirmen Europas, angesiedelt jenseits der Isar auf einer Fläche ungefähr von der Größe des Vatikanstaats. Alfred Hitchcock, Stanley Kubrick, Luchino Visconti, Orson Welles, Wim Wenders, aber auch Wolfgang Petersen, Helmut Dietl, Doris Dörrie und Bully Herbig drehten und drehen hier für die große, internationale Leinwand. Als der Fernseher in die Wohnzimmer einzog, entstanden erste Serien über Tatorte, Funkstreifen und Raumpatrouillen. In den 1980er-Jahren flog Michael Endes Held Atréju auf dem animierten Glücksdrachen Fuchur durch eine *Unendliche Geschichte, Das Boot* tauchte unter anderem mit Herbert Grönemeyer in künstlichen Wasserbecken vor vermeintlichen Torpedoangriffen des zweiten Weltkriegs ab und wurde für sechs Oscars nominiert. Später trug Gérard Depardieu als Obelix seinen Styropor-Hinkelstein durchs nachempfundene, von unbeugsamen Galliern bevölkerte Dorf und *Wickie und die starken Männer* zogen mit ihrem Drachenboot von der Bavaria über den Walchensee. Selbst Zeki Müllers 10b aus der *Fack-ju-Göhte*-Gesamtschule bekam in der Bavaria ein eigenes Klassenzimmer.

So ein steinernes Fahrrad ist Fortbewegungsmittel und Proviant in einem.

Es ist das Jahr 50 v. Chr. Bayern ist nicht von den Römern besetzt.

STEINBRUCH
OBELIX
ACHTUNG
HINKELSTEIN-
SCHLAG

Keine raucht, außer Herr Müller

Heute
Klassenausflug

Wir, August Arnold und Robert Richter, sind Begründer der Münchner ARRI-Studios. Unsere Kameratechnik hat schon 19 Oscars gewonnen!

Wenn ich hier fertig bin, geh ich zum Film ...

Film lernen

Seit Anfang der 1950er-Jahre wird in Deutschland jeden Tag ein Fernsehprogramm ausgestrahlt, zunächst über schwarz-weiße Flimmerkisten, 1952 zum Beispiel die erste Tagesschau. Kurz darauf wurde der zehntausendste Fernsehteilnehmer registriert: Zeit, ein Institut für Film und Fernsehen zu gründen, aus dem rund zehn Jahre später, 1966, die Hochschule für Film und Fernsehen (HFF) hervorging, denn: Filmen will gelernt sein. Aus Hunderten Bewerbern werden jeweils die besten für die Studiengänge Regie, Drehbuch, Produktion oder Kamera ausgewählt. Bereits im ersten Jahr war der Regisseur Wim Wenders unter den Studenten, es folgten Roland Emmerich, der mit *Independence Day* seinen Erfolg bald in Hollywood suchte, Florian Henckel von Donnersmarck, der mit seinem Abschlussfilm *Das Leben der Anderen* gleich einen Oscar gewann und Bernd Eichinger, der unter anderem *Wir Kinder vom Bahnhof Zoo, Die unendliche Geschichte* oder *Das Parfum* und mit Bully Herbig *Der Schuh des Manitu* produzierte. Nach Eichinger ist der weite Platz vor der Hochschule benannt, die seit 2012 im Areal der Künste, gleich neben den Pinakotheken und Gemäldesammlungen, Heimat und Anerkennung findet.

Horror-Kino

Ohne Carl Gabriel würden München wahrlich viele Attraktionen fehlen. Als Schausteller reiste der Mechaniker und Kunstschlosser mit dem Zirkus seines Vaters durch die Lande und kam mit dessen Wachsfigurenkabinett auch auf das Münchner Oktoberfest. Neben seinen groß angelegten Exotenshows, Völkerschauen, bei denen er „Samoa in München" oder „Die Lippennegerinnen" präsentierte, eröffnete er dort auch das Teufelsrad und das Hippodrom, ein Festzelt mit Reitbahn. 1908 brachte er dann die erste Achterbahn aus den USA mit. Bereits ein Jahr zuvor hatte Gabriel in München nahe dem Hauptbahnhof ein erstes Lichtspielhaus begründet. Es folgten 1910 die Museum Lichtspiele an der Stelle eines kleinen Varieté-Theaters. Dieses Kino besucht jeder Münchner, den Besucherzahlen zufolge, mindestens einmal im Leben, nicht zuletzt um auf plüschig-roten Sesseln in der Spätvorstellung seit über 30 Jahren die *Rocky Horror Picture Show* zu feiern – ein Fall fürs Guinnessbuch der Rekorde. Vor Zuschauern mit Reistütchen und Party-Hütchen suchen auf der Leinwand Janet und Brad während eines Unwetters Schutz in einem unheimlichen Schloss. Herr des Gemäuers ist ein außerirdischer Transvestit und Wissenschaftler, Dr. Frank N. Furter aus „transsexual Transsilvania"…

30 Es lebe der Sport

Grundsätzlich unterscheidet man zwischen aktivem und passivem Sport – der Münchner ist in beidem gut. Olympiade, Fußball-WM, Meisterschaftsfeiern, Lokal-Derby, Boulder Weltcup, Eishockey… Tausende Zuschauer erfreuen sich regelmäßig an der Bewegung anderer, ob in der Allianz Arena, im Olympiastadion oder Eissportzentrum.

Gleichzeitig bewegt sich der Münchner auch selbst gerne und aktiv. Über 700 Sportvereine, fast 650 Sporthallen, nahezu eine Million Sport treibende Bürger und fast 160 Quadratkilometer Grünfläche machen Sport zum Spaß. Nicht zu vergessen: Die S-Bahn fährt in nur einer guten halben Stunde zu den München umgebenden Seen mit ihren Rudervereinen, Segelclubs und SUP-Board-Verleihen. Winterliches Skifahren beginnt quasi am Münchner Hauptbahnhof, wo der Zug nach Garmisch startet und bis vor die Hausberggondel oder sogar weiter auf die Zugspitze fährt. So bietet nicht nur das montägliche Lederhosentraining im Englischen Garten zwischen April und September den perfekten Workout für Beach-Body und Wiesn-Figur.

„Rasen betreten verboten" – zumindest bei einem der öffentlichen Rundgänge

Die Rothosen

FC Hollywood – das wurde der FC Bayern erst in den 1990er-Jahren. Damals begann das Interesse der Fans nicht nur um die sportlichen Erfolge, sondern auch um die Spielerfrauen und -freundinnen, Discobesuche und Transfersummen zu kreisen. Die Sportler des etwas anderen Vereins, der 1900 neben dem anfangs erfolgreicheren Münchner Arbeiterverein TSV 1860 als moderner, weltoffener Club gegründet worden war, wurden zu Popstars. Nachdem der „Judenclub" unter dem jüdischen Präsidenten Kurt Landauer immerhin 1932 erstmals den deutschen Meistertitel errungen hatte, ging es mit 27 weiteren Meistertiteln, 18 DFB-Pokalsiegen und 5 Champions-League-Erfolgen für die Rothosen zumeist bergauf.

Das Trainingsgelände in der Säbener Straße, einst ein paar Holzbaracken mit zwei Duschen, wurde zu einem Verwaltungs- und Leistungszentrum auf 80 000 Quadratmetern mit allein sieben Fußballplätzen ausgebaut. 2005 erhielt der FCB eine atemberaubende Arena, die heute ganz sein eigen ist. Bei grundsätzlich ausverkauften Spielen mit rund 75 000 Zuschauern bebt das Stadion unter der rot beleuchteten Kissenhülle mit dem mächtigen Schriftzug des Großsponsors: Allianz.

„Arroganz-Arena" nennen sie hingegen böse Zungen – und ein bisschen Eitelkeit ist dem Mia-san-mia-Verein nicht abzusprechen, zumindest wenn man in eines der größten Vereinsmuseen der Welt blickt, die FC Bayern Erlebniswelt. Hier stehen die Pokale und Trophäen, hier wird über die „Lichtgestalt" Franz Beckenbauer informiert, über Gerd Müller, „den Bomber der Nation", oder den fast sprichwörtlich gewordenen „Tritt in die Tonne" von Jürgen Klinsmann. Allein tausend Quadratmeter Fanshop am Ausgang sprechen für sich: Der „Stern des Südens" wird so schnell nicht untergeh'n.

Mein Modell baute der Architekt aus Seidenstrumpfhosen.

Schneller, höher, weiter

Nach 1945 türmten sich auf dem Gelände des ehemaligen Flughafens Oberwiesenfeld Millionen Kubikmeter Kriegsschutt zu Bergen auf. Sie gestalteten eine hügelige Landschaft, in die bald die luftige, offene Architektur olympischer Spielstätten eingebettet werden sollte. Der Architekt Günter Behnisch und der Ingenieur Frei Otto überzogen die Sportstätten der Olympiade von 1972 mit einem Zeltdach aus Acrylglas und gaben der Stimmung der Zeit ein architektonisches Gesicht: Fröhliche, freie und friedliche Spiele im Grünen sollten es im Gegensatz zu der letzten Olympiade in Deutschland 1936 unter den Nationalsozialisten werden. Erstmals traten nun zwei deutsche Mannschaften an, die der BRD und der DDR, und mit 7200 Athleten aus 122 Nationen mehr Spieler denn je. Die Welt blickte nach München! Die Spielstätten, allen voran die Olympiahalle und das Olympiastadion, werden bis heute genutzt. Die Spiele gehen weiter, München hat durch den Zuschlag für Olympia mehr als nur Gold gewonnen.

Gegen den Strom

Der Eisbach, ein künstlicher Wasserlauf, der zusammen mit dem Englischen Garten angelegt wurde, gelangte seit den 1970er-Jahren zu Weltruf. Wellenreiter aus Portugal oder Neuseeland kommen inzwischen zum Eisbach gereist, um seine so ganz andere Welle zu reiten. Eine Steinstufe unter der starken Strömung des kanalisierten Bachbetts schafft jenseits der Brücke auf Höhe der Prinzregentenstraße eine entgegen den Meereswogen „stehende Welle". Der Ritt auf dem Wasser ist gefährlich und war aufgrund der hohen Unfallgefahr jahrzehntelang verboten. 2010 fasste sich die Stadt ein Herz und erwarb das Gelände mit der perfekten Welle vom Freistaat. Surfen erlaubt!

Menschen in Neoprenanzügen zu Fuß in der Innenstadt, in der Straßenbahn oder auf dem Fahrrad gehören zum Alltagsbild in München, denn wer den Bach hat, der braucht kein Meer mehr – nur reinfallen darf man in München nicht, denn dann schwimmt man, rechtlich gesehen, im bayerischen Hoheitsgebiet – Baden verboten!

Winterspielplatz

Es war Fronarbeit, den Nymphenburger Kanal, eine künstliche Wasserachse, Anfang des 18. Jahrhunderts an der damaligen Sommerresidenz anzulegen. Kurfürst Max Emanuel wollte hier mit venezianischen Gondeln unter niederländisch anmutenden Zugbrücken schippern und barocke Freuden bei pompösen Gartenfesten erleben. Dazu wurde das Wasser des Flusses Würm in den fünf Kilometer langen Kanal auf der Hauptachse des Schlossparks gelenkt. Die zum Teil geringe Tiefe des Kanals sorgt heute dafür, dass das Wasser in kalten Wintern früh gefriert und mit Glück eine tragende Natureisschicht hinterlässt. Dann ziehen hier junge Schlittschuhläufer ihre eleganten Kreise und meist ältere Herrschaften zielen mit dem Eisstock Richtung Daube.

Die perfekte Welle ...

Früher war mehr Eis.

31 Was kostet die Welt(Stadt)?

Die Münchner Schickeria, das Käfer-Zelt als Bühne der Prominenz auf dem Oktoberfest, das P1, die Disco mit dem härtesten Türsteher, die Allianz-Arena mit den teuersten VIP-Logen, die Wohnungen mit den höchsten Mietpreisen – das alles bestätigt den Ruf Münchens als teuerste Stadt der Republik, doch es geht auch anders. Ob teuer oder günstig, reich oder arm, manchmal ist es nur eine Frage der Perspektive.

Geld spielt keine Rolle!

Eine ganze Straße als Laufsteg

Inbegriff des exklusiven, teuren München chens ist wohl die Maximilianstraße. Der dritte bayerische König ließ sie errichten und sein Architekt, Georg Bürklein, wählte aus allen möglichen Stilen, ob Renaissance oder Gotik, das Beste aus. Es entstand eine Prachtstraße im einzigartigen Maximilianstil – ebenfalls exklusiv, denn es gibt diesen nur in München. Zwischen Gucci, Chanel und Versace wandeln in des Königs Kulisse die Schönen und Reichen der Stadt und der Welt, im Sommer gerne die Touristen aus den ölexportierenden arabischen Staaten. Flaniert man hier, möchte man meinen, es gäbe in dieser Stadt nichts gegen kleines Geld…

Doch das Beste kostet selbst in der Maximilianstraße wenig: Ein Getränk an den Tischen vor dem Café Kulisse der Münchner Kammerspiele ist gleichzeitig Eintrittskarte in den ersten Rang des Theaters der Eitelkeiten, das sämtliche Vorurteile bestätigt: junge Damen, hohe Stilettos, ältere Herren, teure Autos. Gegenüber das Hotel Vierjahreszeiten, einer der ersten Bauten der neuen Maximilianstraße Mitte des 19. Jahrhunderts, mit den heute teuersten Zimmern der Stadt. Auf 200 Quadratmetern kann Scheich hier die Nacht für gut 18 000 Euro verbringen. Seine Kofferträger und Sportwagen mit arabischem Kennzeichen – eine Show!

Wer sparen muss …

kann unweit, im Maximilianeum, kostenfrei wohnen und wird verpflegt – muss dafür allerdings gewisse Voraussetzungen erfüllen: Eine Abiturnote von 1,0 und das Bestehen der Maximsprüfung. Dann haben zumindest „talentvolle bayerische Jünglinge (jeglichen Standes)" die Chance, in diese exklusive Studienstiftung aufgenommen zu werden. Fleiß und Talent wurden hier schon immer belohnt, denn bereits der Bauherr König Max II. Joseph wäre „am liebsten Professor geworden, wäre er nicht in einer Königswiege geboren". Um die Wissenschaften in Bayern zu fördern, ließ er am Abschluss der Straße, auf dem Isarhochufer, ein Athenäum als Studienstiftung errichten, die eine gehobene Ausbildung ermöglichen sollte. Bis heute werden jährlich nur sechs bis acht Abiturienten aufgenommen – seit 1980 sind auch Mädchen zugelassen! Das Gebäude teilen sie sich mit einem Untermieter, dem Bayerischen Landtag.

Tipp: Auch für durchschnittliche Talente gibt es in München die Möglichkeit, günstig an Bildung zu gelangen. In den meisten staatlichen Museen ist der Eintritt für Jugendliche unter 18 Jahren kostenfrei.

Ich hab nur Einser, und du?

Wasser – Geschenk der Natur

Wasser statt Bier – lange Zeit galt Bier als sauberes Getränk im Gegensatz zum Wasser, das man aus dreckigen Brunnen schöpfte. Alkohol machte es keimfrei und haltbar und so war Bier bis vor wenigen Jahren das günstigste Getränk auf der Speisekarte. Inzwischen gilt aber auch in Bayern der sogenannte Apfelsaft-Paragraph, die Vorschrift des deutschen Gaststättengesetzes, nach der mindestens ein alkoholfreies Getränk günstiger sein muss als Bier. Auf dem Oktoberfest kostet dich der Liter Wasser also nur rund neun Euro im Gegensatz zu mindestens elf Euro für die Maß Bier der Erwachsenen. Aus dem Hahn kommt Wasser überall in München übrigens fast kostenfrei, in hervorragender Quellwasserqualität aus dem alpinen Mangfalltal!

Ein eigener Tresor

Ein Keferloher, also ein privater Maßkrug aus Steingut im Tresor – das ist ein echter Schatz. Kostenpunkt: günstige drei Euro. So viel zahlt der langjährige Stammgast im Hofbräuhaus am Platzl für das Schließfach, in dem der persönliche Maßkrug lagert. Begehrt sind die 616 Fächer bei den 3500 Stammgästen, die gern zu jenen gehören würden, die ihr Bier nicht – wie alle anderen Gäste und Touristen – aus einem Glaskrug trinken müssen. Und: steht der Steingutkrug mit geöffnetem Zinndeckel auf dem Stammtisch, wird er gegen Biermarken automatisch von der Bedienung gefüllt.

Fach 124 gehört einem Verstorbenen des Stammtischs „Wuide Rundn". Sein Manna bekommt er nun vom lieben Gott.

Gott segne dich!

Vollendet veredelt

Ein Pfund Kaffee für acht Euro und dafür hineinversetzt in die klassische Szene der Fernsehwerbung von Alois Dallmayr, dem berühmtesten Feinkostgeschäft Münchens. Hinter der Balkenwaage an der Theke stehen die gepflegten Verkäuferinnen in blau-weißer Kleidung vor den Nymphenburger Porzellanvasen und der Spitzenkaffee perlt frisch in die Tütchen. Als königlich-bayerischer Hoflieferant blickt Dallmayr, das Unternehmen der Familie Randlkofer, auf 300 Jahre Geschichte zurück. Während lebende Krebse im Brunnen plätschern, liegen die Austern auf Eis, die Häppchen mit Lachs sind bereitet und so mancher sagt, es sei gar nicht so teuer hier ... Es muss ja nicht immer Kaviar sein!

Glaube und Gottvertrauen

Diese beiden sind in Bayern im Übermaß vorhanden und daher ebenfalls günstig zu haben. Selbst den Segen von oben gibt's in München für nur fünf Cent. Im Alten Peter zwischen Marienplatz und Viktualienmarkt steht ein Segensapparat, bei dem ein Jesulein gegen Einwurf einer Münze hervortritt und den Spender segnet. Zu D-Mark-Zeiten hieß das Kisterl einfach Zehnerlsegen. Entgegen der üblichen Inflation ist der Segen heute schon für ein Fünferl zu haben.

32 Ausblick

Der Blick über München bietet sich von vielen Orten der Stadt. Traditionell geht der Münchner dazu die 306 Stufen auf den Alten Peter und schaut hinab auf Marienplatz und Viktualienmarkt, Richtung Allianz-Arena und Fernsehturm oder im Süden bis zu den Alpen am Horizont. Wem der Aufstieg zu mühsam ist oder wer den schwindelerregenden Blick zwischen den alten Holztreppen scheut, der kann gegenüber mit dem Aufzug auf den Turm des Rathauses oder der Frauenkirche fahren. Vom Olympiaturm reicht die Sicht noch etwas weiter und selbst auf das Dach des Olympiastadions kann man im Rahmen gesonderter Führungen klettern. Wer noch weiter hinaus will und von München ins Weltall schauen möchte, dem bleibt die Volkssternwarte in Berg am Laim.

So vui schee!

Lagevorteil

Wer München schließlich in all seinen Facetten kennengelernt hat, hat dennoch eine der größten Qualitäten der Stadt noch nicht erfasst: deren Lage. Egal von welchem Viertel aus gibt es in München die Möglichkeit, sich in ein Fortbewegungsmittel der Wahl zu setzen und innerhalb von etwa 30 Minuten in irgendeiner Postkartenlandschaft auszusteigen: Ob es der glitzernde Starnberger See mit bester Trinkwasserqualität ist oder der etwas beschaulichere Ammersee, beide verfügen über eine S-Bahnanbindung im 20-Minuten-Takt. Der Zug nach Garmisch bringt einen an den Fuß der Zugspitze, mit ihren 2962 Metern der höchste Berg Deutschlands, und mit dem Auto sind im Nu Bergwelten, Seenlandschaften oder der Brennerpass Richtung Italien zu erreichen. Diese Nähe zu paradiesischer Landschaft und unendlichen Freizeit- und Sportmöglichkeiten wird schon beim ersten Schönwetterblick über die Stadt klar.

Geografisches

München mit seinen rund 1,5 Millionen Einwohnern liegt 519 Meter über dem Meeresspiegel. Etwa 20 Kilometer legt man zurück, um die Stadt von Nord nach Süd zu durchqueren. Das absolute Zentrum bildet dabei die Mariensäule. Sie ist quasi der Nullpunkt Bayerns und für manche der Nabel der Welt. Hier nämlich beginnt die Kilometerzählung aller Straßen, die ins Umland führen und umgekehrt beziehen sich die Entfernungsangaben auf Autobahn- und Straßenschildern im Falle Münchens auf die Mariensäule als Ausgangspunkt. Die erste Vermessung des Landes Bayern im Jahr 1801 orientierte sich allerdings am Nordturm der Frauenkirche. Anlass waren die Feldzüge Napoleons, der für seine Kriegsführung militärisch taugliche Karten verlangte. Das verbindliche Maß war damals der bairische Schuh mit einer Länge von rund 30 Zentimetern.

Auf dem Globus findest du München übrigens auf dem 11. östlichen Längengrad und dem 48. nördlichen Breitengrad. Damit liegt die Stadt auf einer Höhe mit Paris, Wien oder Bratislava – man ist also in bester Gesellschaft.

Schlösser und Museen

Adressen und Informationen

Alte Pinakothek
Barer Straße 27
Mittwoch bis Sonntag 10–18 Uhr,
Dienstag 10–20 Uhr
www.pinakothek.de

Bavaria mit Ruhmeshalle
Theresienhöhe 16
1. April bis 13. Oktober
täglich 9–18 Uhr
www.schloesser.bayern.de

Bavaria Filmstadt
Bavariafilmplatz 7
82031 Grünwald
März bis Oktober 10–17 Uhr,
November bis Februar 10–17 Uhr
www.filmstadt.de

Bier- & Oktoberfestmuseum
Sterneckerstraße 2
Dienstag bis Samstag 13–18 Uhr,
Feiertags geschlossen
www.bier-und-oktoberfestmuseum.de

BMW Museum
Am Olympiapark 2
Dienstag bis Sonntag
und feiertags 10–18 Uhr
www.bmw-welt.com

Cuvilliéstheater
Residenzstraße 1
April bis Ende Oktober
Montag bis Samstag 14–18 Uhr,
Sonn- und feiertags 9–18 Uhr,
29. Juli bis 9. September
täglich 9–18 Uhr,

Ende Oktober bis März
Montag bis Samstag 14–17 Uhr,
Sonn- und feiertags 10–17 Uhr
www.residenz-muenchen.de

DenkStätte Weiße Rose
Lichthof der LMU,
Geschwister-Scholl-Platz 1
Montag bis Freitag 10–17 Uhr,
Samstag 11.30–16.30 Uhr
www.weisse-rose-stiftung.de/
denkstaette-weisse-rose-am-licht-
hof-der-lmu-muenchen

Deutsches Jagd- und Fischereimuseum
Neuhauser Straße 2
täglich 9.30–17 Uhr
www.jagd-fischerei-museum.de

Deutsches Museum
Museumsinsel 1
täglich 9–17 Uhr
www.deutsches-museum.de

FC Bayern Erlebniswelt
Allianz Arena Ebene 3,
Werner-Heisenberg-Allee 25
Montag bis Sonntag 10–18 Uhr
www.fcbayern.com/erlebniswelt/de

Glyptothek
Königsplatz 3
Bis 2020 wegen Renovierung
geschlossen
www.antike-am-koenigsplatz.mwn.de/
de/glyptothek-muenchen.html

Internationale Jugendbibliothek
Schloss Blutenburg
Seldweg 15
Lesesaal / Auskunft
Montag bis Freitag 10–16 Uhr
Kinderbibliothek
Montag, Dienstag, Donnerstag,
Freitag 14–18 Uhr,
Mittwoch 9–18 Uhr
www.ijb.de

Haus der Kunst
Prinzregentenstraße 1
Montag bis Sonntag 10–20 Uhr,
Donnerstag 10–22 Uhr
www.hausderkunst.de

Lenbachhaus
Luisenstraße 33
Mittwoch bis Sonntag
und feiertags 10–18 Uhr,
Dienstag 10–20 Uhr
www.lenbachhaus.de

Literaturhaus
Salvatorplatz 1
Ausstellungen
Montag bis Freitag 10–19 Uhr,
Samstag, Sonntag
und feiertags 10–18 Uhr
www.literaturhaus-muenchen.de

Marstallmuseum
Schloss Nymphenburg
April bis Mitte Oktober täglich 9–18 Uhr,
Mitte Oktober bis März täglich 10–16 Uhr
www.schloss-nymphenburg.de

**Münchner Kaiserburg – Infopoint
Museen und Schlösser in Bayern**
Alter Hof 1
Montag bis Samstag 10–18 Uhr
www.museen-in-bayern.de/der-
infopoint/muenchnerkaiserburg.html

Münchner Stadtmuseum
St.-Jakobs-Platz 1
Dienstag bis Sonntag 10–18 Uhr
www.muenchner-stadtmuseum.de

Museum Brandhorst
Theresienstraße 35a
Dienstag bis Sonntag 10–18 Uhr,
Donnerstag 10–20 Uhr
www.museum-brandhorst.de

Museum Mensch und Natur
Schloss Nymphenburg
Dienstag bis Freitag 9–17 Uhr,
Donnerstag 9–20 Uhr,
Samstag, Sonntag
und feiertags 10–18 Uhr
www.mmn-muenchen.de

Neue Pinakothek
Barer Straße 29
Bis voraussichtlich 2025 wegen
Sanierung geschlossen.
Eine Auswahl von Meisterwerken im
Erdgeschoss der Alten Pinakothek
(Ostflügel) und in der Sammlung Schack

NS-Dokumentationszentrum München
Max-Mannheimer-Platz 1
Dienstag bis Sonntag 10–19 Uhr
www.ns-dokuzentrum-muenchen.de

Paläonthologisches Museum
Richard-Wagner-Straße 10
Montag bis Donnerstag 8–16 Uhr,
Freitag 8–14 Uhr
bspg.palmuc.org

Pfanni-Museum
Atelierstraße 1
Montag bis Freitag 10–17 Uhr
www.ottoeckart.de/kartoffelmuseum/

Pinakothek der Moderne
Barer Straße 40
Dienstag bis Sonntag 10–18 Uhr,
Donnerstag 10–20 Uhr
www.pinakothek.de

Residenz München
Residenzstraße 1
*April bis Ende Oktobe*r
täglich 9–18 Uhr
Ende Oktober bis März
täglich 10–17 Uhr
www.residenz-muenchen.de

Sammlung Schack
Prinzregentenstraße 9
Mittwoch bis Sonntag 10–18 Uhr,
jeden ersten und dritten Mittwoch
im Monat 10–20 Uhr
www.pinakothek.de

Schloss Nymphenburg
April bis Mitte Oktober
täglich 9–18 Uhr,
Mitte Oktober bis März
täglich 10–16 Uhr
Parkburgen
April bis Mitte Oktober
täglich 9–18 Uhr
www.schloss-nymphenburg.de

Tierpark Hellabrunn
Tierparkstraße 30
November bis März 9–17 Uhr,
ab 1. April 9–18 Uhr
www.hellabrunn.de

Valentin Karlstadt Musäum
Im Tal 50
Montag bis Sonntag 11.01–17.29 Uhr
Mittwoch geschlossen
www.valentin-musaeum.de

Verkehrszentrum Deutsches Museum
Am Bavariapark 5
täglich 9–17 Uhr
www.deutsches-museum.de/verkehrs-
zentrum

Villa Stuck
Prinzregentenstraße 60
Dienstag bis Sonntag 11–18 Uhr,
Erster Freitag im Monat 18–22 Uhr
www.villastuck.de

Mein Dank geht an ...

... all diejenigen, die dieses Buchprojekt über die Zeit der Entstehung begleitet und gefördert haben. Dies waren vor allem meine Familie, meine wissbegierigen Kinder Lotta und Elisa und mein gelassen-toleranter Mann Florian, meine kundige Schwiegermutter Christa Wagner sowie Heide Boeker mit kritischem Blick und natürlich mein Schwiegervater Winnie mit lässig zeichnender Hand.

Eine derart reich bebilderte Publikation wäre nicht möglich, ohne die großzügige, oft unbürokratische Hilfe zahlreicher Institutionen und Privatpersonen, die mir sehr kooperativ bei der Einholung von Abdruckrechten und Fotovorlagen entgegenkamen. Ihnen gilt ein besonderer Dank.

Nicht zuletzt freue ich mich, dass das Buch in der Süddeutschen Zeitung Edition erscheint. Dafür danke ich Sabine Sternagel-Böttger, die dem Projekt von Anfang an begeistert begegnete und fortwährend die Fäden in der Hand hielt, der Lektorin Daniela Wilhelm-Bernstein sowie der Grafikerin Sibylle Schug mit ihrer Kollegin Barbara Mally, die dem Buch in geduldiger Arbeit ein so liebevolles Äußeres verliehen.

Nun hoffe ich auf Interesse und Verbreitung bei vielen Münchner Kindln und begeisterten Besuchern meiner Heimat und bedanke mich bei den jungen, neugierigen Lesern!

Mein München

Erlebnisse, Erkenntnisse und Notizen

....

....

....

....

....

....

....

....

....

....

....

....

....

....

....

....

....

....

....

....